まくらの森の満開の下

風亭一之輔

朝日新聞出版

まくらの森の満開の下

目次

第三章　五輪とスポーツ のまくら

第四章　風物詩 のまくら

第五章　芸能界 のまくら

第六章　日常生活のまくら

はじめに

今まで何回やったか分からないが、またやっちまった。

原稿を消してしまった。しかも、この『はじめに』の書きかけのものを。

担当編集者から「２５００〜３２６０字で書け」と言われ、ひと月余り。何となく書いては推敲、書いては改めをしながら、ようやく目処が見えてきた3千字余りを消してもうた。一瞬で。なにがどうなって消えたのかよく分からないが、もうどこにも見当たらない。ちなみに、この本の『はじめに』と『おわりに』は単行本化に際し書き下ろさねばならないもの。だからこの原稿が上がらないと、本は仕上がらない。

締め切りは明日。たった今、担当編集者に「悲報　『はじめに』が消えました」とメールをしたところだ。返事はまだない。30分ほど前に「明日には送ります」とメールし、「お待ちしてます」と返信があったので私の『悲報』は目にしているはず。

とにかく、早く『はじめに』を書かねばならない。普段はネタノートにアイデアを整理してから原稿を書き始めるのだが、そんな暇はない。現在、落語仕事の移動中。大阪伊丹から仙台行きのＪＡＬ便の座席でとりあえずスマホを握っている。

私はスマホのメール機能で原稿を書いている。本著は週刊朝日の連載『ああ、それ私よく知ってます。』をまとめた3冊目の単行本。1冊目の頃はガラケーで書いていた。思えばその時もよく原稿を消していた。就寝間際にガラケーを握って書いていると、ついうとうとして、消去ボタンを長押ししてしまい気づくと画面が真っ白になっていることがたびたびあった。

茫然自失とはこのことだ。記憶を辿って原稿を復元しようとしても全てを思い出せるわけもなく、どんどん気持ちが萎えていく。それに同じことを二度書くのは、なんとなく気恥ずかしい。じつは今も完全に心が折れている。逃げ出したい。あいにくなのか幸いなのか、飛行機の中なので現実逃避する術が無く、仕方なくスマホに向かっている。そう「仕方なく」この原稿を書いている。この本を楽しみに手にしてくれたあなたには本当に申し訳ないが、これは「仕方なく」書いているのです。

……言い訳はよそう。書かねば。

せっかく飛行機に乗ってるのだから、なにか周りにネタは転がっていないか？　乱気流に巻き込まれたり、機内で喧嘩が始まったり、子供が泣き止まなかったり、「この中にお医者様はいらっしゃいませんか!?」とＣＡさんが叫んだり、「はい、私ですけど、グラッチェ」と白衣に黒タイツのケーシー高峰師匠が現れたり、そのＣＡさんの名前が「千秋」で、おまけにドジでノロマな亀だったりしないか……。

しばらく見渡したが、何も面白いことがない。CAさんも杉田（仮）さんだ。このまいくと、30分後には無事に仙台空港に着いてしまう……。

今、前の席に座っている老人がリクライニングを倒した。事前に「倒していいですか?」と聞かれた。聞かなくていい。なんてジェントル。そして、ほんの少しだけ倒した。もっとグイッと野蛮に倒して欲しい。そうすれば、傍若無人な老害について文句のひとつも書けるのに。

杉田（仮）さんがドリンクサービスに回っている。私だけ気づかれずに順番飛ばされないかな。「あの、私も……」と遠慮がちにアピールしても、詫びもなく吐き捨てるように「ハァ!」と睨んでくれないかな、杉田（仮）さん。リンゴジュースを頼んだのに間違ってコーヒーが来たり、その熱々のコーヒーを無表情のまま私の頭に注いでくれないかな、杉田（仮）さん。「熱っ!! なにをするんですか!?」と声を荒げた私に「テメ、こっから突き落とすぞ!!」と前蹴りを食らわしてくれないかな、杉田（仮）さん……そんなことを夢想しながら今、杉田（仮）さんが席順通りに優しく手渡してくれたドリンクを飲んでいる。リンゴジュース、美味い。

「この先、風のため、飛行機の揺れが予想されます」とアナウンスがあった。「乗務員も着席いたします」。こんな時、CAさんと向かい合わせの席に座っていたら、会話からネタをもらうのだけど。でも、人見知りだから喋る勇気がない。杉田（仮）さんから話しかけてくれないかな。「テメ、なにさっきからジロジロ見てんだよ、アッ!?」とか。

お……揺れてる。けっこう、揺れてる。大阪はいい天気だったが、仙台上空は荒れているのかな。かなり揺れている。怖い。「運航に影響はありませんので、ご安心ください」と言っているが、まだ揺れている。不安になってきた。どうかすると……このまま……。

そんな大ネタは要らない。やだやだやだやだ。何百万分の一の確率で当たるような、そんなアンフッキーは勘弁してけれ。怖さの余り、「けれ」と打ってしまった。こわ……………ぁい。

おー。着いた。良かった。「揺れたねー」と後ろのカップルが安堵している。ほんと、良かった。万が一、墜落して、私の壊れたスマホが発見され、この書きかけの『はじめに』が私がこの世に残す最後のメッセージだとしたら、目も当てられない。ほんと、良かった。ナイス、JAL！　ナイス、杉田（仮）！

現実に戻ろう。とりあえず、スマホの機内モードを解く。担当編集者から、返信が届いていた。『ドンマイです。復元復元、大丈夫です。!!、(。Д。、)(ヽ。Д。)ヽ!!』（原文ママ）

……だそうだ。この人は業務連絡に絵文字をけっこう使ってくるのだが、社会人としてどうなのか？　他の担当している書き手にもこんなかんじなのだろうか？　ことによると私にだけこんなフランクに接してるのではないか？　いや、別に「オレにもかしこまれや！」とは言わないが、他人事ながら不安を感じてしまう。それに、絵文字を使用するにしてもこのアタフタ的な「!!、(゜Д゜、)(ﾉ゜Д゜)ﾉ!!」が意味するのは何なのか？　そして、なにをもって『大丈夫です』と言っているのだろう。冒頭の『ドンマイ』とは？　「ドントマインド＝気にするな」とは？

仮に「大変そうですので、締め切りを延ばしましょうか？」という編集者の提案に対して、私が「ドンマイ」（気にするな！　俺、頑張るから！　締め切りは守るよ、工藤さん！）と返すなら分かるのだけど……。

……まあ、いい。全て私のミスなのだから工藤さんに当たるのはよすよ。でもな、そういうとこだぞ、工藤。

おや。ツイッターに「原稿、全部消えた」と投稿したら、復元の仕方を教授してくれる人が湧き出した。でももう遅いんだよ。ここまで書いてしまったのだから。

とりあえずは、この本を手にしてくれた皆さんへお礼くらい言わねば。どうもありがとうございます。タイトルに「まくら」とありますが、別に私の高座のまくらを収録した本ではありません。つらつらと由無し事を綴った雑文集です。気楽に読んでもらえたらと思います。

ここで字数を勘定してみた。お！　だいぶ『はじめに』の目処がついてきたじゃないか。やれば、出来るな。1時間半ほどで書けてしまった。今までひと月かけて書いてきたのは一体何だったんだ……。それではこの辺で「二度目の『はじめに』」を締めくくります。これから先に掲載されてる文も、だいたいこんな調子ですので過度な期待は禁物です。
では、私はこれから『おわりに』にとりかかります。よしなに、ごきげんよう。

2022年　11月　仙台空港から市内へ向から電車を待つ、ホームにて

春風亭一之輔

第一章 落語のまくら

逃亡

正月からハイペースで仕事をしている。4月まで休みなしだ。来るがままに仕事を受けていると、こういう事態になるのである。私もどこかの誰かのように『逃亡』したくなってくる。

例えば1月17日。昨夜日付が変わるまで飲んでいたのに、朝5時30分起きで、8時からニッポン放送で生放送のラジオ。完全に自業自得だが二日酔い。顔もむくんで声も本調子じゃない。……逃げたい。問題はどの時点でトンズラこくか、だ。タクシーが迎えに来てくれるのだが、これを巻いてしまおうか。いや、事前にタクシーチケットはもらってるからそれを使って遠くへ行こう。3万円分までは行けるはず。およそ100キロの移動が可能だ。調べてみると、都心から行けるのは沼津・甲府・前橋・宇都宮・水戸辺り。沼津、甲府は仕事でよく行く。水戸は昔、駅前で若者に絡まれて怖かったからよそう。前橋、宇都宮は……べつにいいや。水戸の手前に大洗があった。そうだ。昨日の飲み会で「本場のアンコウ鍋、食いてえなあー」と酔って叫んだの思い出した。「大洗に行ってくれ」と私。

「有楽町はいいんですか?」「……今日はいいんです」。運転手が心配してラジオのダイヤルを合わせてくれると、「本日一之輔さんは体調不良でお休みです」とラジオのパートナー。携帯に無数の着信があるが、そんなもの茨城のアンコウにのみ込まれてしまえ。昼前に大洗に着く。とにかくアンコウ鍋を食える店を探そう。ランチメニューだが、そこは奮発して鍋。「アンコウ鍋は2人前からになります～」とつれない店員。それならばと店の外で待機している運転手を呼び込む。「……いーんですか？」「いーんです。付き合って！」

熱燗とノンアルで乾杯。「こんなことよくあるんですか？」と不思議そうな運転手。「……逃げたくなることも……あるんですよ……」と私はホロリと涙を流す。「（察して）……一献いきましょう！　お客さんっ！」。やったりとったりしているうちに、鍋の〆の雑炊をすすり始めると14時を回っている。本来なら池袋演芸場の高座に上がってる頃。恐らく誰かが穴を埋めてるだろう。罪悪感。ただその後の上野鈴本演芸場は私がトリだ。「本当に行かなくていーんですか？　みんなトリのあなたを楽しみにしてるんじゃないんですか!?」「……」「上野だったら飛ばせばまだ間に合いますよっ!!」「……」「あんたには落語しかないんじゃないのかよっ!!」「……うるせえ！　おれはアンコウ食いに来たんだっ!!　邪魔するなら帰れっ！」

真にうけて運転手、本当に帰っちゃった。トリの寄席も無断欠勤の私。夜の草加落語会も

【逃亡】２０１９年末、保釈中だったカルロス・ゴーン前日産自動車会長が、レバノンへ「逃亡」した。その手段は、楽器箱の中に身を潜めるという大胆な方法で大騒ぎとなった。

この分だと間に合わない。後は野となれ山となれ、だ……。あ、いや、ここまで書いてきて妄想とはいえ怖くなってきた。いや、だって仕事を黙って抜くなんて怖すぎる。根が真面目、というか臆病なんだな、私……。

こないだ会った同業の先輩に「君は年に何百回も落語やってるらしいけど、『暇』なのか⁉（笑）」と呆れられた。そうか、俺は暇潰しに落語やってんだ！　そう思ったらなんか楽になってきた。17日が締め切りのこの原稿も「逃げたい」と思っていたら、なんか書けてしまった23時30分。明日も仕事……否『暇潰し』。やっぱり俺は逃げないぜ。

（2020年2月7日号）

新米

昔の刑事ドラマを観ていると、『新米』は「おい！　新米っ！　張り込み行くゾッ！」とか「新米っ！　モタモタすんなっ！」なんて、先輩から声をかけられている。昭和の『新米』は名前でなく『新米』と呼ばれがち。子供ながらそのやりとりにちょっと憧れた。新参者はぞんざいに扱われる風なやつ、昔ながらの厳しいプロの世界ってかんじで、いいね！と思っていた。

落語家になってみると、前座の時は「おい！　前座！　お茶くれ！」とか「前座っ！　くっちゃべってんじゃねぇっ！」なんて、先輩から名前でなく『前座』と呼ばれまくり。正直、名前で呼ばれないのはイラッとしなくもない。個として扱われてないじゃないか。ドラマの新米刑事も素直に返事していたが、内心ムカッとしていたに違いない。私もいつも上の人に対して「名前くらい覚えろよ……」と思っていた。だが、まぁ自分が先輩になってみると気づくことがある。「これはなかなか覚えられねえな……」と。

後から後から前座が入ってくる。入門から4年もするとあっという間に二つ目に昇進して「〇〇改め、△△になりました」なんつって改名したりしやがって、せっかく覚えたのにまた最初からやり直し。私はまだ若いからなんとかなるが、寄席の楽屋にはおじいさんが多いから酷だろう。

だからある時から偉い人が「前座が多すぎて名前が覚えられねえから、みんな名札をつけろ！」と言いだした。私が前座の頃は入ってから3カ月は名札をつけるきまりだった。幼稚園児じゃあるまいし、みっともない。名札をつけても「前座！」としか呼んでくれない人もいる。第一、あちらさんは名札見てないし。早く外したくて仕方ない。だからほとんどつけてなかった。

ふた月くらいした時、おじいさんたちはどうせ覚えないんだから……といって、ふざけて仲間と名札を入れ替えて働いてたら「お前たちは名前変わったのかい？」と言われた。なんだ、覚えてるのかよ。だったら名前で呼んだらどうなんだ。『前座』と呼ばれるのに慣れた頃、そのうちに「あんちゃんさぁ〜」と『あんちゃん』と呼ぶ人もいるのに気づいた。私はあなたのお兄さんじゃない。寄席の楽屋には『そっち』という二人称もあった。「そっちはさぁ〜」と初めて話しかけられた時、キョロキョロして「どっちでしょう？」と応えたら「もういいや」と言われた。人によっては「そっちの生まれはどっち？　言葉の様子だと、やっぱりあっちか？」みたいな応用編な問題も出されたりする。もうよくわからない。

そんななか、すぐに名前を覚えて呼んでくださる大師匠もいる。小言を言われるのでもそのほうが効き目はあるし、当人の心にも響くはず。第一覚えてもらえるのは本当に嬉しいんだな。だから私もなるべく前座さんは名前で呼ばねばな、とは思ってるんだがなんともかんとも。

今は前座全員が名札着用の義務制だ。お前の名前はもう知ってるよ、というくらいの古参前座まで名札をつけている。二つ目になるまでつけなくてはならないらしい。「もう覚えたから外したら？」と言うと「いやいや、きまりですので」だそうで。杓子定規。名札があるとそれに頼っちゃうんだよな。そっちもこっちをあまり甘やかさないでほしいんだけどね。

（2019年11月1日号）

とばっちり

『とばっちり』とは、本来「飛び散った水」のことだそうな。

「うちの弟子いる？」。昼の部の開演前、新宿末廣亭の楽屋の電話が鳴った。一番下っ端の私が出るとA師匠の声だった。『うちの弟子』とはB兄さんのことだ。「まだ入ってません」。いつも入りの遅いB兄さんが入るのはもうちょっと先だろう。「またかけます、忙しい時間にごめんね」。気のせいか、いつも温厚な師匠の声はピリッとしていた。開演の準備を続ける私。お湯を沸かし、座布団を並べる。火鉢に火をおこす。末廣亭の楽屋の真ん中には火鉢があり炭で火をおこすのは、冬場の前座の大切な仕事だ。いつもドジなB兄さんはなぜかこれだけは上手い。火おこしにてこずっていると、C兄さんが入ってきた。「A師匠から電話ありました。B兄さん、いるかって」「あー、あいつ今日彼女とディズニーランド行くって言ってたな」とC兄。前座が師匠に内緒で寄席を休むのは御法度。非常にリスクを伴うので事前に口裏を合わせておくのだ。「またかけるって言ってましたけど、どうします？」「とりあえず様子見だな」

30分後、再びA師匠からの電話。受話器をとったC兄が戻ってきた。「お使いに行ってます、って言っといた」「怒ってませんでしたか？」「いやー、いつもどおりだったよ」。15分後、また電話。今度は私が出た。「まだ帰ってこない!?」「はい、すいません！」「いや、君が謝ることはないけどさ！　じゃあ帰ってきたらウチに電話させるように！」。けっこうイラついている。「マズいなあ。あいつピッチ出ねえし」とC兄。その頃はまだＰＨＳなるものがあった。非常事態を知らせても夢の国に居るB兄さんには届かない。

「あ、つーか、今日A師匠、代演で来ますよ！」。プログラムにはない急な出演で楽屋に来るにもかかわらず、弟子に電話をよこすのはホントの緊急。20分後、電話のベルが鳴り「まだ帰りません」「わかった。これから代演で行くから、その時にな」「まずその了見が気に入らない」と冷静沈着なA師匠の声。

しばらくしてA師匠が楽屋入り。当然B兄さんの姿はない。「まずその了見が気に入らなぃっ!!」。雷が落ちた。「アイツがどこに行ってるか知らないが、前座同士でかばいあって師匠を騙せると思ってるお前たちのその浅はかな考えに腹が立ちます!!」。言葉は丁寧だが、怒りに溢れていた。「申し訳ございません！」「すぐに電話させろ！」

とりあえず手の空いていたD兄が舞浜へ飛んだ。ちょっと嬉しそうだ。会えるわけない、と思っていたらなんとイクスピアリで奇跡的に彼女と手を繋いでいるB兄さんに遭遇したそうな。「あいつさー、なにしくじったかまるで覚えがないって言うんだよ。電話しろって言っても、『どうせ明日になったら忘れてるよ、うちの師匠』だって。呆れて帰ってきちゃった」。翌日、お土産のミッキーのチョコクランチをつまみながらD兄の報告を聞く。

「どうも！　昨日は大変失礼しましたぁー！」。張本人のB兄が遅れて楽屋入り。「てめー、ふざけんなよ！　心配させやがって！　一体なにしくじったんだよっ!?」とC兄。「いやー、今朝師匠に謝ったら『自分のウンコは自分で流せ』だって！」。今までで一番くだらない『とばっちり』の話でした。

（2019年11月29日号）

学者

先代の柳亭燕路（えんじ）師匠という方がいる。というか、いた。当代燕路師匠は七代目。由緒正しい古風ないい名前だ。

六代目は我々が「目白の師匠」と呼ぶ、落語家初の人間国宝・五代目柳家小さん師匠の高弟。わかりやすくいうと談志師匠の弟弟子で、小三治師匠の兄弟子。1934年生まれで91年にお亡くなりになっている。今、御存命なら86歳か。お元気でもおかしくない年齢だけに早逝が残念でならない。

落語家のなかでも『学者肌』で、演じるだけでなく落語研究家としても名を馳せた方らしい。二つ目の頃の高座写真を見ると、なるほど、ちょっと理屈っぽそうな面立ち。黒々とした髪を七三に分けていて、太い眉の二枚目。巨匠顔、文豪顔とでもいおうか。

幼い頃、図書館で『子ども寄席』というシリーズものの落語読み物を読んだことがある、という人、多いはず。落語の速記を子どもにもわかりやすく構成し、挿絵をはさんだもので、落語との出会いには一番だ。『子ども寄席』で落語にはまった……どころか落語家になってしまった人がいくらもいる。この本を作ったのが先代燕路師匠。落語の裾野を広げるという意味で多大な功績を残された。

小5のとき、「落語クラブ」に所属していた私。この『子ども寄席』の「弥次郎」をコピーしたものを顧問の先生に渡され、無理矢理あたまに詰め込んで、全校生徒1500人の前で披露させられた。思えばこれが人生の初高座か。なんとなくウケた気がする。これを機に人前でなにか表現することに興味をもった私。いわば先代燕路師匠がお稽古をつけてくれたようなものである。

史料の収集や落語史の研究の末に『落語家の歴史』『落語家の生活』などの著書も残されている。落語家の視点で書かれているので、職業学者の書いたものよりズッと読み易い。落語家になってから拝読。勉強になった。

どうも晩年は体調のために高座を遠ざかっていたようだ。

30年前にお亡くなりになっているので、私は楽屋でもお会いしたことはないし、生の高座も拝見していない。音源を探してもなかなか見つからない。市販もされてないようだし、ネット上にもない様子。私の師匠の世代は、先代燕路師匠の元に随分とお稽古に通ったらしい。「カチッとした芸風だったな」と師匠。笛の演奏も達者でそちらの稽古をつけてもらったという先輩も多い。ぜひ燕路師匠の噺も聴いてみたいのだけど、テープお持ちの方はいませんかかね？

この燕路師匠、奥様がひょっとすると師匠よりも有名……といったら失礼だが、かの絵本作家のせなけいこさん。『いやだいやだ』『ねないこだれだ』『にんじん』などのロングセラーで知られる大作家だ。なんとこのご夫婦が同じ屋根の下で執筆されていたという。せなさんの作品には『ばけものづかい』『ひとつめのくに』といった落語を元にしたものもあるから、師匠は落語の稽古をしたり、それを耳にしながら奥様が執筆したりの日々だったのだろう。

我が家の子どもの本棚には『子ども寄席』と『ねないこだれだ』が隣り合わせに置いてある。

（2020年11月6日号）

暴露本

トランプ関連の『暴露本』が話題になっている。トランプさんの姪まで書いたと聞き、自分の姪っ子たちを頭に浮かべた。私の暴露本を書く姪はいないだろうな。7人も姪がいるのだが、大学までは1人3千円のお年玉も渡してたし、

【暴露本】 2020年の夏から秋にかけて、当時アメリカ大統領だったドナルド・トランプの暴露本が、姪や補佐官らによって次々に出版された。

たぶん大丈夫。

落語界はクセの強い人も軋轢（あつれき）も多いので、それこそ暴露本の宝庫と思われるかもしれないが、案外と少ない。今思い出しただけで恐らく4冊。そのうちの2冊は、修業中にクビになってしまった一般人（当人は「作家だ」と言うかもしれないが）が書いた恨み節の被害妄想満載の私憤本だ。検索すれば出てくると思うので、あえてもやもやした気持ちになりたい人は読んでみてください。

あとの2冊のうちの一冊は春風亭一柳著『噺の咄の話のはなし』。1980年の出版で一柳師匠はこの本を出した翌年自死されている。落語協会分裂の際に破門された、自分の元師匠である六代目三遊亭圓生師匠への想いや葛藤が綴られている。師匠を愛するがあまり、芸はもちろん佇まいもそっくりでかえって師匠に疎まれてしまったというのが切ない。『暴露本』というよりは独白本か。巻末に「最近、写経を始めて心が落ち着いている」とあり、一柳師匠のその後を知りつつ読むとやるせない気持ちになる。

残る一冊、『御乱心』（文庫版は『師匠、御乱心！』）は三遊亭円丈師匠の名著。噺家が書いた本では立川談春師匠の『赤めだか』以前では一番売れた本とされている。なぜか主婦の友社刊（文庫版は小学館）。こちらも昭和53年の落語協会分裂騒動の顛末を記したもので、円丈師匠は前記の一柳師匠の弟弟子だ。

冒頭は円丈師匠の真打ち披露興行前夜から始まり、後に「真打ち問題」を原因とした落語協会と圓生一門の分裂という落語界の一大エポックに繋がっていくのが皮肉。真打ちになったばかりで、さぁこれからという時期にもかかわらず、落語協会脱退という流れに逆らえなかった円丈師匠の慟哭は察して余りある。

とにかく円丈師匠は腹を括ってこの一冊に命をかけてたのだというのが、ビンビン伝わってくるのだ。これからも同じ世界で生きていくはずの兄弟子への批判や、なによりも騒動の後に亡くなった師匠・圓生への包み隠さない怒りと愛情。学生の時に読んで、ちょっと泣いた。

私が噺家になり楽屋で、『御乱心』に登場した師匠方をドキドキしながら見ていても、別にふつーに会話してるのが不思議だった。すでに雪解けしたのか。それとも腹の中にはいろいろあるが平静を装っているのか……。

『御乱心』で批判された○○師匠の御子息△△兄さんが前座になったとき。ある先輩が「これ読んでみな」と『御乱心』を渡したそうだ。中には○○師匠への厳しい言葉が書いてあるのに。先輩からのキツい洒落。数日後、「どうだった?」と聞かれ△△兄さんは「いやー、○○って奴はほんと悪い野郎ですねぇ!!」と、笑いながら本を返したらしい。いい話。

後述の2冊は夏の終わりに是非読んでみてください。

（2020年9月11日号）

健康診断

「出版業界はなぜかこの時期が多いんですよ」と担当K氏からお題のメールが届いた。今週は『健康診断』。あー……「業界」ということは、会社単位で『健康診断』があるということですか。カタギの皆さんは。

フリーの稼業からすると非常に羨ましいです。一般社団法人落語協会に所属はしているが、今のところ健康管理は完全に噺家の自己責任。落語協会でも協会の予算から費用を出して集団健康診断をやればいいのに、と思う。若い頃からの不摂生で亡くなる噺家は多いのだから、無理矢理にでも協会員全員に受けさせる意義はあると思うのだがなぁ。

案外と臆病者が多いから嫌がる人もいるかもしれないけど、「大病が見つかったら金一封！」とか餌をぶら下げたら、みんな我も我もと胃カメラをのむかもしれない。「芸人たるもの、酒のためなら身体なんかどーでもいいんだよっ！」なんて先輩もまだいるが、もはやそんな時代じゃないです。長生きしてくださいよ。まぁ、その人は酒飲んだあとにいつもウコン飲んでるけど。身体、気にしてる。

私は真打ちに昇進した平成24年から自主的に年1回、人間ドックに行くことにしている。家族もいるし、いま死んだらちょっと困る。自分の体調がわかっていたほうが、安心して酒が飲めるというやつです。数値が悪かったら「どれくらいまで落とせばお酒飲めますか？」

と聞くようにしています。人間、目標があれば努力するものです。

眼圧を測る検査。あれが好きだ。検査台に顎をのせて、片目でレンズらしきものを覗く。「目を開けててくださいねー」と言われるやいなや、突然「パシュッッ!!」と目に風を吹きつけられるあれ。今まで何の検査なのか知らずに受けていたが、あれは緑内障を調べるためにやるそうです。正直、理由なんてどうでもいいよ。日々の生活で「眼球にピンポイントの風を受ける」ということはまずないので、なんか愉快。絶対目を瞑っているはずなのに、毎回「はい！　OKです！」と言われるのはなぜなのだ。「もう一回」と言われたい。「ちゃんと開けててくださいっ！」と怒られたい。わざと目を瞑るのは嫌なのだ。勝負していつも勝ってしまうのは不思議。

おなかにゼリーを塗られて、グリグリやられるあれ。エコー検査ってやつ。あれもいい。妙に温かいゼリー。イイネ。そしてグリグリ棒（プローブというらしい）で、腹の中を限なく「家探し」される感じがたまらない。まるで熟練の空き巣が入ってきたかのごとく。「痛かったら言ってください」と言われ、肋骨をゴリゴリ擦られるくだりがクライマックスだ。「い……」と漏らすも決して「痛いです」とは言わない。「はい、終了。ご自分でお拭きくださいー」とほったらかしにされて、ウェットティッシュでそそくさとゼリーを拭う。急かされてないけど、一秒でも早く退散せねば……というあのひと時はなんとも刺激的です。

もっと言えば、受付で待っているとき「みんな自身の便と尿をカバンに入れてるんだな……」と見渡しながら感慨に耽る瞬間もたまらない。『健康診断』って、いいよね。

（2020年12月11日号）

猫

ジロリは浅草演芸ホールの看板猫だ。いつも『テケツ』と呼ばれるチケット売り場でゴロゴロしている。ジロリはネコ系マスコミでも取り上げられたりする、かなりの売れっ子ネコ。寄席のお客さんからの人気もあり、日によっては出演者のなかで一番知名度があったりもする。

お客さんはジロリを一目見ようとテケツの中を覗き込む。そんな期待の目なぞどこ吹く風でジロリは微動だにしない。時折窓口のカウンターに乗っていたとしても、愛敬を振りまくこともなくお客を値踏みするように「ジロリ」と睨みつける。その目力の強さが名前の由来らしい。可愛らしさと凛々しさを兼ね備えたハンサムネコ、それがジロリ。

演芸ホールの楽屋にはこれまで掲載されたジロリの記事やスナップがこれ見よがしに貼られている。私がジロリだったら「ちょ、待って、勘弁してくださいよ〜」とまんざらでもない顔をしてしまうだろう。ジロリはそんな表情をすることもなく今日もテケツで昼寝中だ。

王者の風格。ポッと出の売れっ子ではない、「売れるべくして売れた男」と言っていいだろう。

もともとジロリはネズミ退治のために演芸ホールにやってきた。これを読んでいるあなたの身の回りに「ネズミを捕まえる」ことを日的として飼われている猫はいますか？　今どき珍しい仕事人ならぬ「仕事猫」。閉館し最後の従業員が戸締まりをした後、ジロリは演芸ホール内に放たれる。浅草六区のあたりのネズミは私も何度か遭遇したことがあるが、大ぶりだ。暗闇を巡回し、見つけたら即座に捕らえる。今まで十数匹捕まえたという。ジロリが来てから演芸ホールでネズミを見かけなくなった。

そんなジロリは芸人からも愛されていて、毎日のように芸人のSNSにジロリの写真がアップされ、それを見た人から「いいね」がバンバンつけられている。恐らく「ネコ好き」のあいだでも「浅草芸人をフォローしておくとジロリが見られる」と評判なのだろう。某後輩はジロリの写真を載せて数万の「いいね」がつき大変なバズりようだった。ジロリの「映える写真」は芸人をもバズらせ、知名度を上げる。みんなジロリを振り向かせるために必死。私もたまに覗くのだが、なかなか振り向いてくれない。

先日、私のYouTube「春風亭一之輔チャンネル」でジロリを紹介させてもらった。ネコ好きの反応があるだろか……というすけべ心もありつつ。すると後日、「YouTubeで取り上げて頂き、フォロワーが増えました。これはお礼です！」とジロリから私の大好物の『ホワイト餃子』が届いた。ネコから餃子。もっとも飼い主の演芸ホール従業員「まさえさん」の代筆なのだが、ジロリのココロは嬉しい。それにしてもネコ（まさえさん代筆）がＴｗｉｔｔｅｒをやっているとは。プロフィールを見ると『ジロリの落語入門』というムック本まで出していた。ネコが落語の手ほどきをするとは。恐るべし、ジロリ。

そして恐らく世界で一番落語を聴く耳の肥えたネコ、ジロリ。ネコ好きのかたは是非浅草演芸ホールへ、ジロリに睨まれにおいでくださいな。


（２０２０年12月18日号）

２０２０

今年、私は42歳。思えば後厄だった。前厄、本厄の厄除け祈願はしたのだが、後厄は「まぁいいか」と無精して行かずじまい。その結果、今年はこの世界の惨状である。「もうホントすまん、世界」としか言いようがない。誇大妄想？いやいや、世界中の厄除け忘れた厄年ピープルの厄が集まってコロナ禍に繋がったのかもしれん。何がどうリンクしてるかわからない。

今年の手帳を見返してみる。1月はいつもの平和なお正月だった。元日から超満員の寄席を掛け持ちで出演し、1日3、4席の高座。1月4日は新日本プロレスの東京ドーム興行に行ったっけ。もちろんフルハウス、友達の漫才師・ロケット団の三浦くんとビールを飲んだなぁ。トイレに何回行ったかわからない。客席もトイレも回転ドアも帰りの丸ノ内線も、振り返れば密密密密。『密』なんて言い様、このときは無かった。

2月は地方公演が続いた。金沢、神戸、松山、高松、徳島、岩国、足利、岸和田、大阪、島田、高岡……と、ここまでは無事に開催されたのだが、世界中に感染者が増加し、日本もダイヤモンド・プリンセス号のクラスター等でだんだんざわついてきた。すると、関東近郊の独演会の主催者から「申し訳ありませんが、延期ということで……」というメール。自治体主催なので慎重にならざるをえないようで、その会は7月に延期となる（それもまた延期になり2021年4月開催予定になった）。

そこから「中止」「延期」の電話がひっきりなしにかかってくるようになった。着信音が鳴るとこちらから「中止？　延期？」と半笑いで尋ねるほどに。まれに「いや、決行です！」と言われると「まじか!?」と驚くという……。落語の仕事は基本、契約書が存在しないものが多い。でも完全歩合の商売。キャンセルの連鎖では生きていけない。『キャンセル料』なるものが、あるのかないのかも分からず恐る恐る「キャンセル料とか……貰えたりしませんかね～」なんて切り出してみた。「そうですね……検討します」と、ギャラの◯%を振り込んでくれる主催者もいた。

しばらくすると電話口で半泣きの主催者も出てきた。「なんとか……持ちこたえてますが……（涙）」。とても「キャンセル料くれ」なんて言える雰囲気じゃない。よせばいいのにこないだ数えてみたら、2月27日から大晦日までに125公演の仕事がキャンセルになっていた。私の仕事だけで……だ。世の中のいくつの落語会が中止になったのだろうか。

都内の寄席は4月4日から休館。自粛期間中の様子はこのコラムでも以前書いた通りだ。YouTubeの無観客配信などしてるうちに、6月1日に新宿末廣亭と浅草演芸ホール、7月1日から上野鈴本演芸場と池袋演芸場が営業を再開した。もちろん入場制限や出控えの影響かお客様は以前より少ないけども、毎日どこかで落語を喋っているじゃないか。「どっこい生きてるなぁ」と思う。

もうすぐお正月。おっかなびっくりかもしれないけど、皆さん気が向いたら寄席にお運びください。どっこい生きてますから、落語家は。

（2020年12月25日号）

新刊本

1月20日にこの連載をまとめた『新刊本』が発売されます。ありがたいことです。3年ぶりの第2弾なのです。

前回のタイトルは、このコラムを落語の「まくら」になぞらえて、オーソドックスに「いちのすけのまくら」としてみました。編集のK氏が決めたんじゃないかな。K氏は敏腕女性編集者です。年齢は私より少し上だったような気がします。ただ年齢より若く見えます。声の大きいキュートな方です。声の大きい↓キュートはちょっと不自然な流れですが、褒めているので問題ないです。今どき珍しく腹から声が出ている人、ということです。繰り返しますが年より若く見えます。問題なし。

前回のタイトル決めのとき、「柳家小三治師匠の講談社文庫の『ま・く・ら』は◯刷なんですよぉぉぉぉっ!!」とK氏。そんな人と比べられても困るんだけどな。◯の数字は忘れてしまいましたが、途方もない数です。まだそんなに儲ける気か!?という数。さすが人間国宝です。「あやかりましょうっ！『まくら』と入れましょっ！　入れなきゃ売れません！」とK氏。で、ついたタイトルが「いちのすけのまくら」。パクリギリギリです。結果「いちのすけの～」はかろうじて重版。とてもあやかったとは言えませんが、私の独演会のロビーでK氏が声をからして売り子をつとめてくれたおかげです。『『まくら』いかがっすか～っ!!』と実に腹から声が出てました。さすが敏腕。

今回のタイトルは……『まくらが来りて笛を吹く』。これもK氏の案です。お互いに意見を出し合って、煮詰まった揚げ句に「編集部でも評判がよいですっ!!」というので決まりました。

【新刊本】２０２１年１月、著者の「新刊本」（当時）の『まくらが来りて笛を吹く』が発売された。

前作に比べるとかなりトリッキーだなと思います。ゴーサインを出しときながらなんですが、本当に売る気があるのかちょっと心配になります。賢明で妙齢な読者の皆さんはお分かりでしょうが、横溝正史先生の『悪魔が来りて笛を吹く』のダジャレです。おっかないやつ。子供の頃、テレビで観て夜中一人でオシッコ行けなくなったやつ。でも、そもそも日本の人口の何％が『悪魔が～』を認識しているのでしょう。もし本のプロモーションに呼ばれたら、私はまず横溝作品の話をして、ついては映画化作品にも触れつつ「これは西田敏行さん主演の唯一の金田一耕助ものでして、いわゆる角川映画ではなく春樹さんがプロデューサーとして参加した東映制作の……」と、回り道を繰りかえさねばなりません。かなりめんどくせえタイトルだな。

Ｋ氏からサイン本を１００冊頼まれました。１００冊にサイン、というとかなりの数に感じられるかもしれませんが、30分もかかりません。正直、こんなものか、という数です。売れ線の方はもっと大量のサインをするのでしょう。サインして売れるのならば、いくらでもします。コロナでキャンセル食らった落語会のあがりをこれで取り返すのだ。

皆さま、この時期のおせちとお酒で弱った胃腸に。曲がり角のお肌に。五十肩と関節痛に。拗れた男女関係に。コロナで疲れた頭と心と身体に。不要不急のこの一冊をどうぞ。Ｋさん！サインペン買い足しといてっ！

（２０２１年１月22日号）

煽（あお）る

新刊『まくらが来りて笛を吹く』が発売された。初版が8兆部。強気である。でもすでに3兆8千億部がはけたらしい。こんなに売れたら、また儲かってしまう。我が家はお札のインクの臭いが充満。小銭は近所のお稲荷さんの賽銭箱に夜な夜な放り込んでたのだが、不審者扱いで通報された。御賽銭あげてるのになんで？　それにここのところやけに願いが叶いすぎると思ったら、どうやらこの御賽銭のせいらしい。

私は身長が195㌢。顔がマイケル富岡、声が若山弦蔵そっくりになった。視力が18・0になり街ゆく婦女子の裸が丸見えだ。おまけに頭に角が、背中から羽が生えて、口から火炎球が出て、脇の下から毒液が出て、歴代総理と横綱も全員言えるようになってしまった。新刊本のおかげでえらいことになった……あー、景気が悪いこのご時世、ちょっとだけ「煽って」みた。ホントは初版5千部で、ふつうのおじさんのままです。ぴえん。買ってください。

前号の東海林さだお先生との対談。世の中の流れに「煽られ」ることのない平熱な対談となりました。レストランにてアクリル板を挟んで向かい合う二人。周りには編集長、デスク、

【煽る】扇動すること。2021年1月、大統領選挙に敗れたトランプ米大統領が支持者たちに「選挙結果はフェイク」と「煽る」。その結果、連邦議会議事堂が襲撃されるという前代未聞の事態に。

お互いの編集担当者、カメラマン、よくわからない人……たくさんの関係者が密を避けて遠巻きに「東海林さだおと春風亭一之輔」を眺めている。「ビールください」。平たい声で午前11時からジョッキをオーダーする東海林先生。「私も」。アクリル板越しに乾杯。しばらく見つめ合ったあと東海林先生が切り出した。

「缶詰を開けた時に汁が溢れ出ることに対して、人類は何故無力なのかな?」。あぁなんて小さい、しかし意義ある問題提起なのだ。先生の仰るとおり。溢れた汁をなんの疑問もなく啜っている愚かな人類。周りの「オトナたち」は「コロナ禍においての漫画家と落語家の変わりゆく日常」みたいなことを話してほしそうに「煽る」ような眼差しでこちらを凝視しているのに、まるで意に介さず我々は缶詰の話題なのだ。まさにこれを豊かさと言うのだろう。

その後も、「最近、マッチ箱見ないね」だの「ハエ取り紙も見ないな」とか「好きな牛丼屋はどこですか?」やら「草野球ではショートを守ってます。『遊撃手』の『遊』ってのがいい」や「スーパーの袋が有料になってゴミを捨てるのに困ってる」などなど……ノンキなトークを続けさせて頂いた。「オトナ」の一人が業を煮やして「先生はコロナで生活に変化はありましたか?」と聞くと、間髪入れず「ありません」。

「『コボちゃん』に連載記録抜かれて悔しいですか?」と私が「煽り」気味の質問をすると「ぜーんぜん」と予想通りの答え。「ただお祝いのコメント求められてめんどくさい……出さないと悔しがってるみたいだから、しょうがないから出しました(苦笑)」。東海林さだお、可愛すぎる。そのあと二人で写真撮って、ちょっと目を離したすきに先生はお帰りになっていました。

火の消えたマッチの残り香くらいの、煽ることも煽られることもない、そんな平熱なお爺さんになりたいね。

（2021年2月12日号）

猫その2

恒例の「猫」号が今年もやってきた。「猫」はそんなに売れるのか？「動物と子どもにはかなわない」というが、こう毎年続くんだから恐れ入る。編集長のご丁寧なお手紙には「ほんの少しでもいいから『猫』に触れて頂けるとありがたい」の旨。実に丁重。いや、ぜんぜん問題ないですよ。

「猫」の落語はたくさんある。「猫と金魚」「猫の災難」「猫の忠信」「猫の皿」「猫怪談」「猫定」「猫久」「仔猫」……犬より多いんじゃないか。猫好きな人はぜひ聴いてみてください。

脇役でも出てくる。「長屋の花見」という落語。冒頭で貧乏長屋の店子が集まって「大家からの小言」を心配する。「ことによると大家んところの猫を食った一件じゃねえか？」。まさにキラーフレーズ。「いつ？」「お前が『あー、肉が食いてえ……人間の肉って食えるかな？』

って言ってたろ？　長屋で共食いが始まるといけねえから、猫を鍋にして食ったら『うめえうめえ！』って泣いて喜んでたじゃねえか！」。物凄い長屋。私は好きなクスグリなんだが、今のお客さんはだいたい引く。猫には申し訳ないが、並外れた貧乏が伝わってくるよね。でも何回かお客さんに怒られたことがある。「可愛い猫を食べるなんて！（泣）」って。オレが食べたワケじゃない。酷いのは落語世界の奴らですよ。だいたいこのくだりは教わったとおりのクスグリなのだ。文句は先人に言ってもらいたい。

　私の噺にはよく猫や犬が登場する。元々は出ないけど自分でぶっ込んでいる。「笠碁」では退屈を持て余した老人が猫と戯れようとするがスカされたり、引っ掻かれたり……名前はタマにした。猫ならタマだろう。

　私の「粗忽の釘」の助演男優賞は犬だ。彼は主人公の股間に噛み付いたせいで、怒髪天を突いたその妻に尻尾を掴まれブルンブルン振り回される。遥か彼方へ飛んでいく犬。最早これまでか、と思いきや、スックと着地し、夫婦目掛けて突進してくる。それに追われて二人は流浪の旅に……犬の名はペロだ。スペイン語で犬のことを「ペロ」と言うらしい。マドリードで演ったら現地の人が教えてくれた。マグレ当たり。

「寝床」では、とうとう猫が喋ってしまった。義太夫を語りたい大家さんが猫に語りかける。「お前はどうだ？　聴きたくないか？　私のぎだ……」「シャーッ！」。顔面を引っ掻かれ「あいつを三味線屋に売り飛ばせっ！」。言われる猫。みんなに拒絶され泣きじゃくり、店子・

奉公人の面会を拒む大家に対して「ヤッパリ、ダンナノ、ギダユウガ、キキタイニャ〜」とおべっかを使う猫。旦那はご機嫌で義太夫を語りはじめ、皆から「お前やりすぎだ」と言われる猫。名前はミケだ。そりゃあ、猫ならタマorミケさ。

そういえば「代脈」「ろくろ首」「幇間腹」「火事息子」にも出てくるな、猫。落語はもう週刊朝日なんか目じゃないくらい動物に頼っている。その気になれば他のネタにもいくらでも出せそうだ。こういうのは開き直り。ですかね？　編集長!?

ライネンモ、ネコデ、カキタイニャ〜。

（２０２１年12月31日号）

大阪

大阪には仕事で年に数回行く。「東京と大阪のお客さんは違いますか？」という質問をよくされるのだが、落語のお客さんについてはほぼ同じ。とくに私の独演会に来るような落語好きは、東京も大阪も笑いどころは変わらない。頻度が少ない分、大阪のほうが前のめりでよく笑ってくれる。「笑いに厳しい大阪」みたいな答えを期待してる人はガッカリするかもしれないが事実なのだから仕方ない。だから好きよ、大阪のお客さん。

昔は大阪の漫才中心の寄席小屋では東京の噺家はまるでウケなかった……みたいな話をよく聞く。子どもが駆けずり回ったりして誰も聞かなかった、とか。3年前、初めて「なんばグランド花月」に行ってみた（お客として）。その日の夜が市内で自分の独演会だったので、まぁ、ついでです。

ロビーで一人でいると「一之輔さんですか？」と声をかけられた。知らないおじさん。「今晩、独演会行きますよ！」「ありがとうございます」「よく来るんですか⁉ 初めて⁉ じゃ、案内しますわ！ わー、こんなとこで会えるなんてー！（嬉）」。捕獲された。おじさん、気づいたら2枚チケットを買っている。並びの席。なぜだ。オレは一人で観たいんだ！ 断るタイミングを完全に逸した。「こっちでっせ！」とおじさん。たぶん『でっせ』とは言ってないがそう聞こえたんでっせ。

開演前に若手芸人の前説。クイズを出してお客が挙手で答える。問題は忘れたが、おじさんと反対側の私の隣に座った若者が元気よく「ハーイっ！」……こっちもか！ やめてくれ、オレは大人しく観たいんだよ。「ハイ！ アナタ！」。若手芸人がカメラを持って若者のところまで駆け降りてきた。その瞬間、若者と隣にいる私が正面の巨大スクリーンに大映しに。恥ず！ 思わず下向く私。おじさんが「映ってますよ！」と、スマホを取り出してスクリーンを激写し始めた。やめてくれ。「写真、いりますか⁉」。いらないよ！

始まった。次々とテレビでお馴染みの人が出てくるのだが、おじさんがホントによく笑うので、つられて楽しくなってくる。客席に座ってお笑いを観るのなんて20年ぶりくらいか。「漫才の途中でトイレや売店に行く人多くてねぇ（苦笑）」。おじさんの言う通り、けっこう人の出入りが激しい。まぁ、落ち着きがない。自分がここで落語をやるとしたら、どうやるかなぁ……なんて考えていたら、トリのオール阪神・巨人師匠のとき、おじさんが「すんません。私、膀胱が小さくて（照）」とトイレに出ていった。なんでやねん。吉本新喜劇で終演。「ありがとうございました。堪能しました」「いやいや、ただのお節介で。へへ」。おじさんに缶コーヒーを奢ってもらって「ではまた今晩」と別れた。

夜は100人ほどの独演会だったのだが「そんなお客さんいませんでしたよ」と主催者から言われる。なんだったんだ、あのおじさん……。私は「NGKの妖精」ではないかと思っている。これを読んで「私でっせ」という人がいたら編集部まで連絡ください。特にお礼はしませんけど。あの写真は消去してくれ。

（2021年5月7－14日号）

リレー

去年の春から夏にかけてリレーが流行った。SNSでバトンを回す、アレである。友達の少ない私でもバトンが3本も回ってきた。

1本目は「コロナ禍で寄席の真打ち披露興行が出来なくなってしまった後輩を落語家みんなで励まそう！」みたいなバトン。私は仲の良いロケット団の三浦昌朗さんに回そうと思ったのだが、当人の許可も得ずにいきなりSNS上で指名してよいものか……初めてで勝手がわからない。そのためにわざわざ電話でその趣旨を説明して許可を得たり、動画を撮るのも慣れてないしで、かなり手間取った。しばらくするとこのリレーがネットニュースに取り上げられ、新真打ちや落語界の宣伝にもなったみたい。ナイスバトン。

2本目は「ラジオパーソナリティバトン」だったか。番組で共演している松本秀夫アナウンサーから電話がかかってきた。「嫌なら断ってもらっていいんです」と年長者からの非常に丁重な申し出に「全然問題ないっす」と恐縮。この頃、世の中はバトンリレーブームの真っ最中。なんならちょっとバトンの飽和状態だった。人に回すのも気を使いながらのリレー。受け取ったはいいが、このバトンを誰に回そう？　外山惠理アナウンサーにTBSラジオ「たまむすび」の放送中という断れない状況でお願いしてみた。外山さんは快く引き受けてくれたが、動画の笑顔の下の心のうちはどうだったのだろう。外山さん、あの時はすいませんでした。

3本目は、普段そんなに会う機会のない噺家の先輩からの留守電だった。「あのさー、おむすびを握ってその画像を上げるだけなんだけど、お願い出来ないかなー？　折り返しくださーい」と入っている。なんだ、それは？　調べてみると「#祈るおむすびバトン」というハッシュタグがヒット。「手作りのおむすびの温もりで人の輪を繋げよう」というバトンが、著名人のあいだで回っているらしい。神田うのが海苔の代わりにトリュフをご飯に巻いたゴキゲンなおむすびをアップしていた。ただ、私に回ってくるということは、すでにあまり著名でない人も交じっている様子。しばらく考える。祈り。おむすび。先輩からの依頼。温もり。がらにもないし、かなり面倒くさい。受け取ったとして誰に回す？　早く返事せねば。果たしてオレの握ったおむすびを見て誰が喜ぶのか？　そして、とても面倒くさい……面倒くさい……面倒くさい……面倒くさい。

「兄さん、すいません。うち、お米が切れてました」。先輩が出ないのをいいことに、子どものような言い訳を留守電に吹き込む。すぐにメールで「了解です」と先輩。優しい方なので察してくれたのだろう。その後、「私はそんなものやらない」と公言したり、「受け取ってもらえない」と嘆いたりする有名人も多数出現。ブームは去っていった。

その頃のバトンの「化石」がいまだにＳＮＳ上に「雨ざらし」になっている。受け取りたくもないのに受け取って、回したくないのに回す。そんなバトンは一目ですぐにわかるものだ。ブームから1年経った今、その残骸を発掘するのはなかなかに楽しい。

（２０２１年7月30日号）

北海道

緊急事態宣言中ではありますが、7月31日〜8月2日と独演会全国ツアーの北海道公演に行ってきました。札幌2回、旭川は1回公演。札幌34度。旭川なんて予想最高気温38度だって。折しも東京五輪マラソンの直前。タクシーの運転手さんが吐き捨てるように「歓迎してる人なんているんですかねぇーっ!?（怒）人も密になるし（溜め息）」。憤怒の人を前にしてのうのうと「独演会に来ました」とは言えませんでしたな。あー。

私が初めて北海道に来たのは2006年の7月。その頃の手帳を引っ張り出して見ると……1日から16日まで道内をハイエースで回る一座の旅興行、16日間で休みなし、計20公演やったそうです。マジか……。私の師匠・春風亭一朝が座頭、三遊亭歌彦（現・歌奴）兄さん、紙切りの林家正楽師匠、太神楽曲芸の鏡味仙三郎・仙志郎師匠、お囃子の金山はる師匠。落語協会事務員Fさんと私が一番下っぱでした。

16日間、移動しっぱなし。岩内町→江差町→紋別市→滝上町→士幌町→富良野市→当麻町→旭川市→愛別町→札幌市→北広島市→恵庭市→足寄町……途中、富良野には4泊。それぞれの街の公民館やホール、劇場、小学校・中学校の体育館や教室、老人ホームにも出張しての演芸公演です。大勢でワイワイいいながらの旅公演は楽しいもんです。

しかし、食った、飲んだ。朝飯は宿で食べて、昼は楽屋でお弁当。差し入れで地元のお菓子やフルーツ。移動中のサービスエリアでソフトクリーム。夜は打ち上げを2、3軒。終わったら部屋で飲んで、どうかするとカップラーメン食べたりなんかして。知ってます？　完熟の夕張メロン半分食べた後にコーヒーシュガー舐めても甘く感じないんですよ。結局16日間で6キロ太って帰ってきました。

そんな北海道の仕事は今はかないません。今年はコロナ禍だし、大人しく行動。旭川独演会の翌日、帰りの飛行機までの時間に常磐公園を散歩してると、道立美術館で江口寿史先生の美女画を集めた「彼女」展が開催中。ふらりと入ると、くたびれたおじさんを美しい女性たちが迎えてくれました。「ストップ!!ひばりくん！」のひばりくんの前で癒やされながらしばし茫然と立ち尽くしていると、中学の美術部のグループがマスク越しに感嘆の声を上げています。「すごいねえ〜」「綺麗だねえ〜」。私も思わず「ねぇ〜」と言葉尻を合わせると男子が「はぃ〜」と返してくれました。同じモノに魅了されていると、マスクをしてるのも手伝ってか少しだけ垣根がなくなるような気がします。

2時間ほど美女に浸って、地元の名店・生姜ラーメン「みづの」へ。美味え。冬に食べたら身体の芯から温まるだろうなぁ。「いち、のすけ、師匠ですか？」と女将さんに声をかけられ「はい、はずかしながら」と色紙にサインを書かせて頂きました。恐れ入ります。スープを飲み干し、汗を拭き拭き外へ出ると32度。

15年経って私の仕事のスタイルも変わってきたけど、北海道は度々行きたい場所です。「みづの」さんは15年前とちっとも変わらずでございました。またうかがいます。

（2021年9月3日号）

ハグ

アスリートはよくハグをする。ミュージシャンもしょっちゅうハグしている。落語家は、しない。いい落語が出来て、気持ちよく高座を降りても袖にいるのは弟子だったり、黒ずくめのおじさん大道具さんだったり。誰がハグなどするものか。まだ盛大な打ち上げも憚られるなか、高座の喜びは独り酒で口から流し込む。例えば地方からの日帰りの新幹線は私に明日への活力をくれる「独りハグ」の場。

10月、名古屋へ日帰り仕事に行った。ある先輩と二人会。「楽屋入りがギリギリかもしれません」という連絡を主催者に入れておいた。開演30分前に到着。前座さんが「師匠、楽屋のお弁当は『簡単なもので……』と主催者さんに言いましたか？」と私に聞いてきた。「いや、ギリギリ、とだけ言ったけど」「あの……私と○○師匠は『タコライスとゴーヤチャンプルの大盛り弁当』で、一之輔師匠のは普通の『てんむす』だったんですけど……この差はなんですかねぇ?」」。こっちが聞きたいよ。でも沖縄料理のお弁当は斬新@名古屋。「とても美味しかったです!」。余計なコト言うな、前座。オレは沖縄料理が好きなんだぞ。

担当者の女性いわく「入りがギリギリと伺ってましたので、お弁当は帰りの新幹線の中で……と思い、てんむすにさせて頂きました(笑顔)」……うーん。お心遣い感謝。だが、楽屋で食うかもしれんだろう? お弁当ならタコライスとチャンプルでも車内でいけないか? てんむす、美味いけど……どこまでいってもてんむすはてんむす(失礼)。直接言ったら「小さい男」と思われるしな。このやるせないモヤモヤを誰かに告げようか。

あ、思わず高座で言ってしまった。マクラで。「なぜ俺だけてんむす!?」「みんなと一緒でよかったよ!」「前座が『美味かったっす!』て言ってんだよ!」って気がつくと叫んでいた。トタンにバタバタッと舞台袖でモノ音。ことによると担当者が買いに走ってるのでは……。オレの馬鹿。余計なことを言ったおかげで、余計な手数をかけさせて、降りていったら担当者が平謝りでタコライスとゴーヤチャンプルが用意されているという……なんともバツの悪い状況になってるのでは? 落語の最中に罪悪感MAX。オレはホント小さいなぁ。

高座を降りる。担当者はニコニコ顔。ん? 買いに走ったんじゃぁないの? 「師匠! 改めてタコライスとゴーヤチャンプルを買いに……」。げ、やっぱり!? 「すいません! 余

【ハグ】2021年10月、秋篠宮家の長女・眞子さまが、小室圭さんとの結婚当日、秋篠宮家を出発される際に妹の佳子さまと交わした「ハグ」が感動を呼んだ。

計なコト言って！　洒落なんです！（汗）」「いや……売り切れだったので、ミミガーの和え物を買ってきました！」。ミミガーっ⁉

訳もわからず、とりあえず彼女をハグしそうになった。なぜ代わりにミミガー？　でもちょうどいいよ！　ホッとしたよ！　気まずくならずに済んだよ！　最高のバランス感覚！

「ミミガー、大好きなんです！」。私は笑顔でハグをした（つもり）。

帰りの新幹線。名古屋から新横浜までにビールを3本。てんむすにミミガーを二切れのせると、まるで翼が生えたよう。この可愛いヤツに乗って、どこまでも飛んでいけるような気がした。

（2021年12月3日号）

解決

先日、昼間の落語会で帯を忘れた。5年に一度くらいあるミステイク。幸い三遊亭兼好兄さんが帯を2本お持ちで貸してくださった。しかし、私は一席やったらすぐに新幹線に飛び乗り、夜の独演会のため京都に向かわねばならない。夜の会はどうしよう。兄さんが「お客さんからお差し入れで帯があればいいねぇ（笑）」と言う。「そんな都合よくあるわきゃないでしょ！」「でも、ツイッターで募ったら来るかもしれないよ。

やってみれば？（笑）」「はは。じゃ、試しに呟いてみます」

楽屋で『これから京都独演会。帯を忘れました。差し入れは「帯」ください』と投稿。もちろん洒落だ。私だって本当に来るとは思っちゃいない。「いいね」が速いペースでついていく。東京駅から新幹線に乗る。私へのリプライで「あらたいへん！」「帯無しでやりますか（笑）」「誰か持っていけばいいのに〜」みたいな他人事なものや、「○○の帯がいいですよ」とお店の情報を寄せてくれる人も。「商売道具を客にたかるとはなにごとか！」とお怒りの人もいるなか、「沢山集まっちゃうんじゃないか？」とか「私が持っていきます！」みたいなごく前向きなご意見も多い。

不安になってきた。洒落で呟いたのに……これ、どうかすると大変なことになるのでは？一本あれば十分なのに、何本も届いたら全部締めないと申し訳ないぞ。高座降りて、帯を締め直しての繰り返し……落語どころではない。御礼状も書かねば。帯は安いモノでない。お返しの品も要るかも。「箪笥の肥やしを一之輔におっつけよう！」と大量の使い古しを持ってくる輩がいても、自分で募ったんだから要らないとは言えない。それに京都なんて人口の8割は呉服屋さん（嘘）。落語好きな京都人はほとんどが呉服屋の丁稚（妄想）。奉公先の蔵から黙って私のために帯を差し入れる心優しい定吉どんが大勢いるかもしれん。怖くなってきた。

楽屋入り。主催者「見ましたよ。今コロナで差し入れお断りしてますが、今回はお受けしますね（苦笑）」私「すいません。余計なコト言いました……」。スマホを見るとリプライには「沢山届いてますか？」「持っていきたい！」「帰りは帯が沢山で大変ですね！」とガヤガヤしている。

開場。帯は来ない。開演15分前。長細い箱がひとつ届いた！　開けるとお菓子……そろそろ着替えねば。開演5分前……弟弟子の一蔵くんが「……来ませんでしたね……よかったら私の使いますか？」と哀れみを含んだ声で聞いてきた。「いや、いいよ……なんとかするから……」と私。風呂敷を折って帯状にして腰に巻く。背後はみっともないが、客からは見えない。いけるぞ、風呂敷。無事一席終えて、「実は帯をですね……」と言うと喝采。ツイートを見てるお客がたくさんいるようだ。「これ、風呂敷なんですよ……結局、帯、一本も来ませんでした……」。シーンの後、爆笑。ウケてよかった……がわびしい。帯のおかげで己の身の丈がよくわかった。結局一席目で風呂敷が解け、二席目は一蔵に帯を借りた。一蔵くんは来年9月に真打ち昇進予定。この御礼はちゃんとせねば、と思う。

（2021年12月10日号）

MVP

今季のMVP。私の脳内審査員全員満票で若手噺家の林家やま彦くんに決定しました。推定身長150チセン。ジャガイモにシジミのような目が二つ、団子っ鼻に常に口をとんがらせた可愛い風貌。口煩い落語界において、やることなすこと「やま彦なら仕方ない」と思わせてしまう凄腕だ。字を知らない。一度、楽屋のネタ帳に「粗忽の使者」を「粗骨の死者」と書き、「カルシウムは大切だな」と思わせてくれた。ありがとう、やま彦。

先日、寄席の楽屋で「かぼちゃ屋」の稽古を頼まれた。「俺でいいの？」「はい！　是非！うちの（林家彦いち）師匠が『一之輔のとこに稽古に行け』と」「へー、ホントかよ？（半笑い）」「ハイ、ホントです。うちの師匠もけっこう思いつきで言うもんで（笑）」「（笑ってるよ）思いつき？（笑）」「ハイ！　お願いいたしやす！」。楽屋一同爆笑。なぜか語尾が『いたしやす』になってしまったやま彦くんに、後日稽古をつけた。落語の稽古は一対一で師匠が一席喋って、それを覚えて師匠に聞いてもらう。

私の「かぼちゃ屋」が終わって「ありがとうございました！」とやま彦。私「質問ある？」やま彦「う〜ん。まぁ、とくに、問題はなかったと思います！」……やま彦師匠から「OK」が出た。思わず御礼を言いそうになった。「俺が稽古つけてもらったみたいじゃねえか!?」「い

【MVP】アメリカ・メジャーリーグ、ロサンゼルス・エンゼルスに所属する大谷翔平選手が、9勝・46本塁打の大活躍で、2021年シーズンの「MVP」に輝いた。

や、そんなコトはありません」。知ってるよ！『そんなコト』あるか！「お稽古の御礼です」。小さな包みをくれたやま彦。「なに？」「開けてみて！」。なぜかタメ口。俺はお前の彼女か？　スヌーピーのメガネケースが出てきた。「お好きだと聞きまして！」「俺が？　スヌーピーを？」「はい！」「言ったかな……嫌いじゃないけどさ……」。やま彦がゼロの表情になり、つぶやいた。「あ……三朝師匠だったかもしれない……」。スヌーピー好きな私の弟弟子と勘違いした様子。「良かったら三朝師匠に……」「なんでだよ！　意地でも俺が使うよ!!」

やま彦が「かぼちゃ屋」を覚えたので聞いてくれと言う。冒頭のおじさんと与太郎の会話。「与太郎か、こっちに上がんな」「おじさん。なんか用か？」「用があるからよんだんだよ！」「よばれたから来た」。お馴染みのやりとりだ。やま彦がやるとこうだ。「与太郎さんですか。こちらに上がってくださいな」「おじさん。なにか御用ですか？」「用があるからよんだのです」「よばれたようなので来ましたよ」……なんでお互い敬語になってんだよ！　今まで散々失礼だったのに、落語やると登場人物が丁寧なのはなぜだ！「俺、そんな風にやってた？（笑）」「違いますか？」「全然違うよ。お前、耳の中に尊敬表現に変換される機械でも埋め込まれてるのか？」「いえ、入ってないと思います（真顔）」。知ってるよ！　なんだよ『思います』って。言い切れよ！

まだまだ書ききれない過去の逸話は「林家やま彦」で検索してみてください。この稽古の

1カ月後、私に「スヌーピー」についての取材のお仕事が来ました！　恐るべし、やま彦マジック。林家やま彦26歳。大谷翔平と一つ違い。

（2021年12月17日号）

値上げ

原油高騰で色んなモノが値上がり中だそうな。落語家は己とその芸が「商品」。原油が上がっても「私の価格」は今のところ据え置きだ。寄席のギャラは、一日の入場料の総額を寄席側と芸人側で折半にし、その半分を大勢の芸人で分ける。だからそのギャラを「割り」と呼ぶ。正直それで生活していくのは大変。寄席以外の落語会や独演会のギャラで何とかやっていく。その金額はイベントを企画する会社が設定するのだ。

先日、某イベンターからファクスが送られてきた。演芸業界はいまだにファクスが活躍中。「某日某所の落語会、出演料は〇〇円でいかがでしょうか？」。フムフムと目を通していると、もう一枚送付されてきた。それには十数人の落語家の名前がズラッと記され、その横に「二

【値上げ】2021年秋、コロナ禍からの経済回復に伴う需要増などにより、原油価格が高騰し、ガソリン、輸送費のかかる食品など、ほぼすべての商品が値上がりした。

人会→○○円」「独演会→△△円」と書かれていた。落語家の出演価格表らしい。独演は高く、二人会、三人会はもうちょい安価になるのだろう。

同業者に一番見せてはいけない、見られたくない、また見たくないものが送られてきた。見ないほうがいいのに見てしまう。「○○師匠、こんなにもらってるのか……」「△△師匠、こんなもんなのか……」「□□!? なんでこいつがこんなに取ってんだよ!」。頭の中がグルグルしてきた。さてどうしよう。このファクスが私の元に届いたことを先方に知らせるべきか? それとも黙って私の胸にしまっておくべきか?

思いきって電話してみた。「あー、一之輔師匠! ファクスご覧頂けましたか?」「お仕事は問題ありません。ありがとうございます……ただ、大問題が発生してしまいました……」「なんでしょう?」「今度のギャラ……なぜ□□(後輩)とこんなに開きがあるのでしょう?」「……え?」「△△師匠と私を一緒にしても○○師匠の足元にも及ばないのは、やはり○○師匠の御社に対する貢献度からでしょうか?」「……何のことですか?」「今回ご依頼の仕事。私と○○師匠と前座の3人でキャパ500人の会場。満員になったとして、この3人のギャラの合計が○○○円。会場使用料がおおよそ△△△円。御社の取り分が約□□□円……。他にも間に数社入っているのか、はたまた御社が法外に儲かっているのか……この際出演料についてお話しさせて頂けませんかねぇ……」

……なんて、気の小さい私に言えるわけもなく。かといって、その間違いファクスの件も伝えないわけにはいかない。「あのー、出来れば今すぐ御社のファクスの送信履歴をご確認頂けますかねぇ」。約1分後に担当者の声にならない声が聞こえた。「申し訳ありません!! こ、こ、こ、このことは何卒御内聞に!! お願いいたしますっ！（大汗）」「勿論ですよ！ 誰にも言いません、ていうか言えませんよ！」「助かります！ 今後とも宜しくお願いいたします！」。後日、その会社の仕事に行ってみると、私の出演料が数千円上がっていた。「口止め料」？ 理由を聞くのも憚られたのでそのままありがたく受け取っておいたが、なんか数千円てのもセコイな……まぁ、そのファクス。どうしようかな、と思ったが何となく、うちにとってある。

（2021年12月24日号）

東大

落語にハマりいろいろと書物を読み漁るようになると、まずけっこう早い段階で出会うのが『落語事典』という分厚い本。数百もの落語演目の詳細が記してある。編纂は「東大落語会」。また六代目三遊亭圓生師匠の口演をまとめた、落語家の教科書的速記本『圓生全集』は「飯島友治・東京大学落語研究会OB会」。落語みたいなジャンルでも権威のある要所には『東大』が絡んでくるのね。私の出身校・日大はパーパー言うのは得意なんですが、頭をひねって考えるのは向いてません。飯島友治という人はその昔、東大落語研究会の顧問だった方らしい。学生とともに多くの名人上手の速記を編纂したり、若手の落語会の終演後に演者やお客さんを交えて講評会をしたり、なんかスゴイ人。絶対そんな会には出たくないなぁ。

入門して3年半、二つ目に昇進し、私は月一で勉強会を始めた。40人で満員のお座敷に10～20人ほどの物好きなお客さん。毎回のアンケートに『Y・S』という名前。見覚えのある字面だなぁ……とは思っていたが、顔と名前が一致しない。ある日『林家正蔵（八代目）集』を図書館で手にすると巻末の編集担当の欄に『Y・S』とある。この方は東大落語研究会OBで飯島さんの元で編纂に携わった落語研究家。同一人物？　いやいや、正蔵師匠は私の師匠の師匠の師匠。全集はずいぶん前に出版された。編纂した人はこの世には居るまい。「Yです」。ある日の会の終演後、会場の外で小柄な年配の男性が佇んでいた。「あの東大のYさんですか!?」「まぁ、そうです（笑）」。まだ生きてた。大変失礼しました。Y先生はその日にネタおろしした『ろくろ首』という噺の感想を直接話してくださった。「五代目の小さん師匠の首が伸びるのを目で追うカタチはよかったですよ」。いやいや、そんなの言われても簡単には出来ないから！　とは言わなかったが、ありがたい。Y先生はほぼ欠かさず勉強会に通ってくださった。別に厳しい目で見るわけでなく、客席でニコニコしながら、時折メモをとりながら、まぁ、寝てることもあったけど。

しばらくして、「月島に長屋を一軒借りているんですが、嫌じゃなきゃそこで一席やりませんか?」「一対一でですか?」「はい」……断る理由はない。それから毎月1回、長屋の六畳間で『稽古会』が始まった。「今日はこれ(ネタ)を」「誰から習ったんですか?」「〇〇師匠です」「じゃあ、元々の出どころは□□さんだね」なんてやりとりをして一席。終わると、聴き手目線のアドバイスをしてくれる。時折「あの師匠はこうやってましたよ」と実演を交え、これがまた上手い。稽古後、老舗の美味いものをご馳走になり、お酒を飲ましてくれて、「じゃ、これ」と車代を頂いた。

これ、「落語聴き」としてはけっこうな『道楽』だ。もちろん誰がやっても成立するものではなく、Y先生の知識と柔らかさがあってのことだけれども。普段アンケートで批評めいたことを書かれたら「うるせえや」と悪態をつく私だが、Y先生の沢山のアドバイスがかなり身になっている。『東大』でまずアタマに浮かんだのは、Y先生のこと。

(2022年3月25日号)

※追記 「Y・S」こと山本進先生は2022年11月4日に逝去されました。享年91。心からお悔やみを申し上げます。合掌。

代役

コロナのせいもあり今エンタメ界は代役・代演が頻発しています。

1月某日。「急ですいません！　明後日のヨル空いてませんか⁉」と某落語会の舞台袖で某イベンターさんから声を掛けられました。「練馬の落語会なんですが、陽性者が出てしまってですね……」「どなたですか？」「ナイツのお二人なんですけど」……無理に決まってんだろうが。私一人でナイツの代役がつとまるか⁉「○○師匠も空いてるみたいだから、二人で……」「……漫才やるの？」「出来ない？」「出来るわけないでしょ！」。まぁ、それだけ先方も慌てていたのでしょう。結局、ナイツの代役は奇跡的にスケジュールの空いていたテツandトモさんになったそうです。

数日後、これまた某落語会主催者さんから早朝にメール。「本日の落語会、K師匠が発熱し出演できません。急なんですが一之輔師匠に二席お願い出来ませんか？」「もちろんですよー」。困った時はお互い様。三人会で元々私がトリの予定でしたが、前座、私（本来K師匠）、春風亭昇太師匠、休憩、私……というプログラムになりました。「一之輔くんの独演会に僕がゲストに来たみたいだねえ」と昇太師匠。昇太師匠もコロナから回復して復帰戦だそう。「ところでギャラは2倍なの？」と前のめりな師匠。「まだ分かりません……だといいですけどねぇ（ニヤリ）」。前座の後に高座に上がり「K兄さんが発熱しまして、急遽私が二席やることになりまして……」と言うとお客様の数名が「えーーーー」。オイ。事前に言ってないのかよ!? 急だからってせめてロビーにその旨を書いた貼り紙でもしときゃいいじゃないの。「K兄さんがやる予定だった『木乃伊取り』、私は出来ませんので、違う噺でご勘弁……」「えーー(半笑い)」。うるさーいっ!! なんだ、その「出来ないの?」みたいな反応は!? 後日、K兄さんから最高級の牛肉が届きました。お互い様なのに申し訳ない。ありがたく頂戴しましたが……ギャラは2倍ではなかったです。悔しいから今年中に『木乃伊取り』を覚えよう。

歌舞伎でも最近代役が多いです。3月8日の歌舞伎座第2部を鑑賞。片岡仁左衛門丈の『河内山』。幕切れの花道で突然立ち止まり、かなり足がつらそう。すると侍役が花道まで迎えに行き、河内山宗俊が侍に肩を借り、花道を引き返して本舞台上で、まるで台詞のように「早く(幕を)閉めろぃっ!」と叫んで幕となりました。明らかに緊急事態です。心配した通り、翌日から仁左衛門丈は体調不良で休演に。代役は中村歌六丈。ベテランとはいえ大変なプレッシャーでしょう。でも急に代役を任されてもすぐに出来てしまうのが凄い。勿論僅かな時間で必死の稽古をされるのでしょうが、急な主役の代わりなんて……考えるだけで恐ろしい。そんな時って不思議です。その晩、自分が『河内山』の代役をやる夢を見ました。なんとか『河内山』は出来ました。夢だけど。それにしても仁左衛門丈の一日も早い回復を祈るばか

【代役】長引くコロナ禍のために、芸能界では「代役出演」が頻繁に行われた。それにより「オレと同じ位置は○○さんなんだ」と知る芸能人も多くいた。

りです（※）。今はゆっくりお休みください。本当の『代役』はいない方ですから。

※編集部注　3月16日の公演から復帰されました。

（2022年4月1日号）

ミス

インタビュアーは『ミス』を欲しがりがち。例えば「落語を喋ってて、忘れることはないんですか？」とか。何年かに一度くらいスコーンっと忘れることがなくもない。「まぁ、ありますよ」と言うと「あるんですね！」なんて興味津々。矢継ぎ早に「忘れたらどうするんですか？」「なんとかします」「どうやって？」「思い出すんです」「どうやって思い出すんですか？」「テキトーに喋りながら思い出します。そのうちに思い出します。それでも思い出せない場合は、その思い出せなかった箇所をすっ飛ばします」と言うと、相手は驚いた顔をして「そんなこと出来るんですか？」「出来ますよ、それくらい」「さすがですねー！」なんて感心されたりなんかして。

『さすが』な人はそもそも落語を忘れたりしないのだが、それは言わずに感心されたままにしておく。「思い出せない箇所をスルーして、後々不都合はないんですか？」なんて、突っ込んだことを聞かれることも。「ないことはないですよ」「その時はどうするんです？」。しつこいな。「しょうがないですよね、もう」「どうするんです？（真顔）」「そのままですよ」「そのまま？」「なかったことにしてシレッと終わって高座を降ります」……沈黙が流れる。サービスのつもりで「間違って違う落語に入ってしまうこともありますよ」なんて言ってみる。「どういうことですか？」「落語って、違う噺でも導入部は同じだったりすることがあるんです。『道灌』と『一目上がり』、『かぼちゃ屋』と『道具屋』、『鮑のし』と『熊の皮』とか。ボンヤリ喋ってると、意図してない落語を話していて、『あー、これじゃなかったんだけどなぁ……』なんてことがしょっちゅうですよ。寄席だと事前に演目を発表してないんで、まるで問題ないんですけどね」「そういう時ってお客さんの反応は？」「案外とよかったりしますよね」「ご自身の手ごたえは？」「んー、『まぁ結果オーライかぁ』ってかんじですかね」「災い転じてってやつですか？」「『災い』ってほどでも（笑）。日常的にありますからねー」……また沈黙。

「一番やらかしたなー、みたいなのってなんですか？」「そんなにないですけど、遅刻ですかねぇ」「大変でしょう？（身を乗り出して）」「いやぁ、寄席だと後の予定だった演者が先に上がったり、上手い具合に融通利かせてくれるんで、さして問題なく進んでいきますね。

【ミス】２０２２年４月、山口県阿武町役場による４６３０万円の誤送金が話題に。振り込まれた人物が当初返金に応じず大騒ぎになったが、元は町役場の職員による手続き「ミス」。

あとでお席亭に謝りに行きますけど『今度から気をつけてねー』ってかんじですね」……再び見合う二人。

沈黙を破り「まるでウケないこともあります?」と聞き手。「ありますね」「(嬉しそうに)そういう時はその晩は眠れなかったり?」「お客さんも好みがありますからね。この方々とは『意見』が合わないと思って忘れます。引きずると碌なことないですから(笑)」……終始無言。これくらいの手ごたえのない『ミス』を披露していると、「好きな食べ物は?」とか子どものような質問に移行し、そのうちにインタビューされる機会がだんだんと減ってくる。芸人としては上手に『ミス』を語れないという、大きな『ミス』である。気をつけたい。

(2022年6月17日号)

金

『金(きん)』と聞くと、落語家の脳裏には二つの符牒が浮かびます。今はあまり符牒自体使いません。例えば「扇子」を「カゼ」、「手拭い」を「マンダラ」……なんて若手落語家は使いませんから、物知り顔の一般人が「カゼ」「マンダラ」なんて言ってるのを聞くとなんかムズムズします。外の人が使って、我々が使わない符牒なんて本末転倒ですね。

「お客様」のことを「金ちゃん」と言います。楽屋で「きんちゃん、何人いる？」なんてなかんじ。お金をくれるから「きんちゃん」。

もう一つ。主に仲間内の「変わった人」……「空気を読めず、モノがわからず、非常識で、トンチンカンなことを言い、かつ悪気も無く周囲をイラつかせる人」……まぁ安直にいえば「馬鹿」と称されがちな人を我々は「キン」と呼びます。これはかなり侮蔑的な呼称ですので、面と向かって真顔で「お前『キン』だな」と言うと喧嘩です。気をつけましょう。ただ「お前『キン』だなー」「勘弁してくださいよー（笑）」みたいなやりとりが出来る「カジュアルなキン」もいます。そんなキンは愛嬌があってマスコット的存在ですが、本物の純度100%な「キン」は当人に指摘出来ません。どの世代にも一人はいるので、楽屋で前座さんに「どう？　最近前座の『キン』いる？」と尋ねるとみな顔を見合わせて「言っていいのかな？」という空気。「キン」は腫れ物です。「〇〇、ですかね……」「へぇ、意外だねぇ」と返すと、出てくる出てくる「キン」エピソード。同じ空気を吸っていないと「キン」は伝わりにくいのです。「キン」の語源はよくわかりません。お客様を称す「きんちゃん」とは関係あるのでしょうか？　ひょっとしたら「お客様（きんちゃん）」＝「素人・一般人」＝「落語家の価値観で測れない得体の知れない人」＝「キン」なのかもしれません。とかく落語家

【金】高騰を続ける「金」の価格が2022年に爆上がり。金の採掘量が減り、コロナ下の安全な投資とみなされたためか。アクセサリーやコインなど家の中の「金」を探す人も続出。

は落語界外の人を警戒する傾向がありますので……。

ある打ち上げでキン芸人の贔屓客が、同席の芸人全員にダメ出ししたことがありまして。しかも祝儀も切らずに。頭に来たその中のAさんが「兄さんのお客さんはホント『キン』ですねー！」と言い放ったら、その客は「そう！ 俺『きんちゃん』って言われてるんだろ？」と嬉しげ。A「あなたは『キン』の中の『キン』！」キン芸人「失礼だろ！ お客様に『キン』とは！」キン客「大丈夫だよ、俺は『きん』なんだから」キン芸人「違うんです！ こいつの言う『キン』はその『きん』じゃなくてもう一つの『キン』でして！」キン客「どういうこと？」A「いやいや、いい意味の『キン』ですよ。紛いものなしの純『キン』！ ちなみに兄さんも『キン』だから！ 自覚ないかもしれないけど、『キン』の客は『キン』だね！」……もうめちゃくちゃです。いいこと言うなぁと思ったけど、このAさんも仲間内から『キン』と言われてます。この後はなんだかんだ酔っ払って、3人の『キン』は仲良く2軒目に向かいました。よかったよかった。

キンは遠くから見てる分にはいいですが、その距離感が難しい。まさに触らぬキンにタタリなし。


（2022年7月22日号）

第二章 時事のまくら

定年延長

この『定年延長』というお題を出されたのが5月16日だった。掲載される6月2日発売号までずいぶんあるなぁ。

たしか5月9日あたりから、SNSで著名人による「#検察庁法改正案に抗議します」が話題になって、きゃりーぱみゅぱみゅに難癖つける人が現れワーワー言いつつ、政府が今国会での法案の成立を諦めたのがその数日後。その最中、朝の犬の散歩を趣味とする黒川さんは元朝日記者と産経記者との賭け麻雀発覚。麻雀の翌朝は散歩はしなかったのかなと心配してたら、あっという間に黒川さんは辞任なのである。「余人をもって代えがたい人」だったのにあっけなく辞めちゃった。でも「テンピンでレートが低い」からって無事に訓告処分で済んで、退職金6千万円近く支払われるかもしれないらしい。森法務大臣が首相に進退伺を出したけど、強く慰留され、やっぱり辞めるの辞めたり、半泣き（のように見えた）で答弁したりしつつ。いつも通り「責任は私にある」と言いながら、まるで責任をとらない安倍さんの十八番が飛び出して。そうかと思うと、我が家には定額給付金の申請書がいまだに届かない現在、5月23日なのである。

いろいろ「やれやれ」な出来事ばかりで目まぐるしくて吐きそうです。おまけに掲載日の6月2日まで一体何があるかわからない。東京の「緊急事態宣言」もどうなるかわからないし。そろそろ『定年延長』について書かねばな、と思いながら1週間経っちゃった。完全に旬を逸して、いまだ手つかずだ。

そんな時は、何も考えずにBSフジ『クイズ!脳ベルSHOW』を観るのがよろしい。「40歳以上の著名人が解答者」という、脳トレや懐かしネタを主とした個性的なクイズ番組だ。このご時世、新たにスタジオ収録出来ないようで、その日は「80オーバー大会」の再放送だった。

解答者は小桜京子、藤巻潤、ロミ・山田、そして落語界からは我らが四代目三遊亭金馬師匠の御年89(当時)! 2年前の再放送が出来るということは解答者の皆さんは今現在も無事でご存命。よかったよ。だから、不正解だろうが、問題が聞こえなかろうが、手が震えてボタンが押せまいが、誰が優勝しようが、もうどうでも良くなってくる。生きてるって素晴らしい。「芸人には定年がなくていいな」なんて呑気なことを思ってみたが、とある師匠が言っていた。「定年はないが『落ち目』がある」と。「定年はないが『定年同然』になることはある」と。

【定年延長】黒川弘務東京高検検事長が、安倍内閣によって、2020年2月に退官するはずが半年後の8月まで「定年延長」されることが閣議決定。国民の間に反発が起きた。

その師匠の言葉が、見事に当たっちゃった。コロナ禍で我々芸人の『定年同然』の日々が3カ月続いてます。世間は少し動き始めたが芸界はまだまだお先真っ暗。仮に興行界が始動しても、客席の3密を防ぎながらやると確実に商売が成り立たない。

文句だって言いたくなるところへ「政治的な発言は控えろ」？「勉強してからモノを言え」？　大きなお世話だ、バカヤロウ。こちとら給付金の申請書より税金の支払書が先に届いてイライラしてんだ。頭きたからすぐに払ってやったよ。納税している「河原乞食」に怖いものなどないのだ。

いまの『定年同然』の延長だけはなんとか食い止めなければ。6月です。もう限界。退職金、羨ましいぜ。

（2020年6月12日号）

※追記　三遊亭金馬師匠はこの後、金翁を襲名され、2022年8月27日に逝去されました。享年93。合掌。

謎解き

ミステリー小説や映画の『謎解き』モノが苦手。まず、登場人物名や団体名などの固有名詞が覚えられない。特に外国のものなどはみんなカタカナでアタマに入ってこない。

密室での事件を取り扱ったものなどは、建物の間取りや特徴などがかなり重要な要素だが、それらをイメージして読み進めていくのがホントにダメ。なんども巻頭の登場人物一覧や山小屋（仮）の平面図を振り返りながらページをめくっていると「あー！　めんどくさっ！」となって、連続殺人なら2人目が殺される前に「もーいー！　どーせたくさん死ぬんだろ!!」と逆ギレしてリタイア。物覚えが悪くて堪え性が無い。ようは『謎解き』モノに向いていない。

読みながらどうにも行き詰まってくると、ぶっちゃけ「どうせ作り話なんだから犯人はだれでもいいじゃないか!!」と、また逆ギレ。作り手に申し訳ないから、私みたいなやつは『謎解き』は読まないほうがお互いのためである。ゴメンなさい。

最初から犯人が分かってるミステリー、例えば「刑事コロンボ」とか「古畑任三郎」とか。「あ、こいつが犯人なんだな。あー、これからそのネタ明かしをしていくのねー」というようなタイプの『答え合わせの謎解き』系。それならまだついていけるのだけど。

【謎解き】２０２０年、知識よりもひらめきで問題を解いていく「謎解き」ブームが起きる。中心になったのは松丸亮吾さんなど、元東大生の若いクリエーターたち。

小学生のとき。友人のA君が貸してくれたファミコンの『ポートピア連続殺人事件』。A君は「カセットの裏面は見ないでね。兄ちゃんに落書きされちゃってさ」とカセットを渡してくれました。「なんのことやら?」と思いつつ、ソフトをファミコン本体に差し込んでスイッチを入れても映らない。そういうときはとりあえず吹く。そう、吹いてホコリを飛ばすのです。本体の差し込み口を吹いてから、ソフトの読み取り部分を吹こうと顔に近づけると、カセット裏面のラベルにでっかく油性マジックで【犯人はヤス】としてありました。「?」。どういうことだ? 「見るな」と言ってたアレはコレか? どうやら『ポートピア連続殺人事件』の犯人はヤス、という人らしい……。とりあえずスイッチが入り、ゲームが始まった。私は兵庫県警の刑事という設定のようだ。殺人事件が起こり、その捜査に取り掛かる。後輩のパートナーとのバディものか。パートナーのそいつがいきなりこんなことを言いました。

「ヤスとよんでください」……こいつ、いきなり自白(ヤスにそのつもりはないのだが)かよ……。

完全に疑いの目で見られているのも気づかずに、ヤスは健気に私の手足となって働いてくれます。

あまりの有能さに「ホントは違うんじゃないか?」とヤスを信じてみたり、「いや、やっぱりこいつだろ!?」と私の心も揺れ動きます。でも、なんやかんやあって結局『犯人はヤス』

でした。

でもなんなんでしょう……冒頭から犯人を知らされてトライした『謎解き』ゲームは思いの外、面白かった。人を疑いつつ、しかし疑う自分をまた疑いつつ……の日々。『ポートピア連続殺人事件』にはいろんなことを教わった気がします。皆さん、『犯人はヤス』ですよ。

（2020年9月18日号）

後継者

この号が出る頃にはもう自民党次期総裁は決まってるのね。野次馬からすると立候補会見の時点で先が見えちゃっていてつまらんです。ところで二階さんは人形焼に似てますね。中にはアンコが沢山詰まっていそう。七福神の人形焼を買ったら袋によく分からないヤツが一つ入ってて、よく見たら「あ、二階さん？」みたいな感じで、シレーッとどこにでも顔を出す二階さん。

そんなニセエビス様がパンケーキ令和おじさんを担ぎました。その甘みに群がるように「我

【後継者】2020年8月、安倍首相が辞意を表明し、新しい自民党総裁＝首相を選ぶために、自民党総裁選が行われ、「後継者」には菅義偉前内閣官房長官が選ばれた。

も我も」と票が入り、アリまみれの割れたゴーフルみたいな菅さんを、遠くから酒豪の岸田さんと鉄オタの石破さんが指を咥えて眺めてます。メディアは候補者の「人となり」や「政局」をやたらと教えてくれるから、そんなことばかり詳しくなっちゃったよ。

都内にベタベタ貼ってある「感染防止徹底宣言ステッカー」のレインボーが、菅さんの髪形に見えて、街中で菅さんの総理就任を祈ってるみたい。とにかくこれからもっと景気が冷え込むでしょうから、我々の「出血」は最小限に抑えてもらいたいですよ、次期総理。

身近なはなし。長年付き合いのあった日本手拭いの染め屋さんが先日廃業しちゃいました。落語家は毎年正月の挨拶用に手拭いを染めるので、染め屋さんとは切っても切れない仲なのです。どうやらご主人の体調不良が理由、後継者もいないようで残念ながら店じまいとなったようです。ご主人からご挨拶の手紙と、今まで染めに使ってきた私の手拭いの『型紙』が送られてきました。

10年以上、何千枚も染めてきた私の型紙は思いのほか綺麗でした。ところどころテープで補修はしてあるものの「新たな業者さまへお渡しください」と手紙にあり、まだまだ使えるようです。以前、ご主人が言ってたっけ。「型紙を彫る職人さんも少なくなって、後継者がいなくて大変なんですよ」。一枚の型紙を大切に使うのもそういう理由からかもしれません。来年は新しい柄にしようかと思ってましたが、もうしばらくは今までの型紙のお世話になろうかと思い直しました。

私の手拭いの柄は、いわゆる『豆絞り』の豆がホンモノの大豆のカタチをしていて、縦横に並んだ沢山のその豆の中に、わずかに芽の出ているものがある……というもの。敷き詰められた豆を切り抜いた型紙を見ていると「よくこんな細かい仕事が出来るな」とホトホト感心します。

職人の地道な手仕事です。その型紙を元に木綿を染めていくのもまた職人。木綿物をこさえるのも職人でしょう。綿花を育てるのも職人みたいなもんだ。綿を紡ぐのは機械かもしれないけど、それを操作するのは職人といっていい。

職人さんの地道な仕事の結晶である手拭いを正月携えて、方々へ挨拶に回って御贔屓を願うなんて、なかなか落語家も地道な商売です。今年は入門志願者も少ないようで、後継者がいなくなることはないにしても先行き不安ですな。染め屋さんは尚更です。

しかしまぁ、一番地道でなきゃならない方がＩＲ推進なんて、なんだかなぁ……ですよ。ねぇ、菅さん……にホントに決まったのかな？

（２０２０年９月25日号）

新首相

新首相がはりきっている。仲が悪いと噂されている都知事との会談でも、グーを合わせてエールの交換。双方とも瞳の光量が弱かったけども、早くギュッと握手出来る日が戻りますように。

新たな大臣の顔ぶれを見る。注目はデジタル大臣。「デジタル」というカタカナを見るとホントにデジタルなのかどうか不安になってくる。漂ってくる、あだ名感がすごい。

初めての閣議にて。新首相が切り出す。「みんな聞いてくれ！　今日からオレたちの仲間に加わることになった、平井……じゃ堅いな。何か得意分野はあるか、平井？」「はい！　自分はデジタル方面が……」「よし！　決まった！　お前は今日から『デジタル』だ！　みんな『デジタル』をよろしくな！」。『デジタル』大臣誕生。

「先輩、この内閣はみんなニックネームがつくんですね」「仲間との距離を縮めるのがあだ名。本名以外のもう一つの名前をニックネームというのなら、いわばそのニックネームがあだ名であり、それが我々に必要不可欠であり極めて重要なもう一つの名前と言っていい……」『ポエム』先輩。今日も飛ばしてるなぁ」

「オレは『バーベQ』。前のボスとはよくバーベキューしたものさ」「あー、加計さんと」「シーッ！　もうみんな忘れかけてんだから！　新ボスも『あれは済んだ話』って言ってるし」

「ボスもあだ名があるんですか？」「なんだと思う？」「『パンケーキ』とか『ガースー』とか？」「『集団就職』。そっちのがイメージいいからって。『叩き上げ』も候補だったね」「なんだかなぁ」

「私なんか『トライ』だよ」「ラグビーやってたんですか?」「いや、前のボスの家庭教師だったんだよ。調子に乗って言いまくってたら、入閣が遅くなっちゃった(泣)」「『家庭教師のトライ』か」

「橋本です、よろしく」「わかった!『スポーツ』?……そのまんまか」「私は『スケート』よ」「かなり直球ですね」「冬は『スケート』。夏は『自転車』。でも打ち上げでは『キッス』」

「そんなこともありましたね……それこそみんな忘れてるのに……」

「やっぱり『TBS』ですかね、私?」「そりゃそうですよ。娘さんがアナウンサーなんだもん。気を使わなきゃならなくて大変ですねぇ」

「オレなんか加藤と武田と3人まとめて『横すべり』ABCだってさ」「雑な括りですね」「でもオレ、Bにしてもらうわ」「なんでBなんですか?」「ブルーインパルスのBに決まってんだろ!　オレが飛ばしたんだ!」「はぁ、なるほど」

官邸での会見にて。「では、新閣僚名簿(あだ名)を読み上げて参ります。私は官房長官の『横すべりA』であります。名簿順に……『集団就職』『えばりんボルサリーノ』『横すべりC』『がきデカ』『北関東』『バーベQ』『TBS』『ホタルイカ』『小静六』『チビ太(or照ノ富士)』『ポエム』『ブラザー』『横すべりA』『トライ』『恩人Jr.』『横すべりB』『モッコス』『コロタイ』『デジタル』『スケート(キッス)』『EXPO』であります」

どこの国の話かは知りませんが、こんな内閣なら楽しそうですね。

（2020年10月16日号）

イクメン

次男が保育園のとき。NHK BSの「おとうさんといっしょ」という番組に一視聴者として出演した。たまたま出演するはずだった親子がダメになったのだろうか。よかったら、と声をかけられ「文京区　川上さん親子」としての共演。紙風船を使って子どもと「しりとりバレー」をするコーナーだった。

私「りんご」次男「ごはん」終了。私「理科」次男「缶」終了。私「りす」次男「スナップえんどう」私「牛」次男「死神」私「みかん」終了。たまたま観た先輩から「サイコーだったよ」とお褒めの言葉を頂いた。わざとじゃないのに。親子でしりとりが下手なのだ。でも少しだけ『イクメン』気分を味わった。

長男が生まれた15年前。私は仕事がまるでなかった。保育園にもなかなか入れず、カミさんだけが働きに行く。だから『イクメン』にならざるを得ない。やりたくてやってるんじゃない。いわば『しかたなイクメン』。

暇な落語家は朝から赤ん坊をベビーカーに乗せ、街中をグルグル徘徊する。首を左右にカクカク振って、覚えたての落語をブツブツ呟きながら、公園へ。知らずにママさんたちの輪に突入していくと、蜘蛛の子を散らすように子どもの手を引いてみんな逃げていく。ブツブツカクカクグルグルブツブツカクカクグルグルしながら、一日が終わる日々。おかげで沢山の落語を覚えることが出来ました。

長男が5歳くらいのとき。預けるところもなく『しかたなイクメン』は寄席の楽屋に連れていった。「パパはこれから落語のお仕事だから空いてるお椅子に座ってなさい。静かにしてるんだよ」「はーい」といって国立演芸場の最後列に座らせておいた。

後輩が高座から降りてきて、「兄さんとこの子、気になってしょうがないす」とこぼす。私が上がると息子は上下運動を繰り返している。体重が軽いから座面が浮き上がってしまう。お尻をモニモニ動かして戻してもまた跳ね上がる。私の持ち時間の15分、ずーっとそれを繰り返していた。なるほど、気になる。

「いいモノ食べさして体重増やしてあげなさい」と某大師匠からポチ袋を差し出され、「ネコのヤツと、イヌのヤツ、どっちがいい？」と聞かれると「出来ればどっちも!!」と答え親父を慌てさせ、売店のおばさんから食べ切れないほどのお菓子をもらったのに「ありがとう

【イクメン】育児に積極的に参加する男性のことを「育児するメンズ」略して「イクメン」と呼ぶように。ハンサムな男性＝「イケメン」をもじった言葉。

ございます？　でも嫌いなので羊羹はいりません」と突っ返す息子。羊羹でどれだけカロリーとれると思ってんだよ。でもポチ袋は両方ともらってエライ。

お小遣いがもらえるから、と寄席の楽屋に行くのを楽しみにしていたのに「いやいや。もういーから、そういうの」と言ってもう付いてこなくなった。背はドンドン伸びるし、声変わりもして、こないだなんか生徒会長選挙の演説の練習なんかしてやがる。なにが「有権者のみなさん！」だよ。やんなっちゃうな。

ふと思い立ったように次男にしりとりをしかけてみる。私「リオデジャネイロ！」次男「な、なに、ロ、ロ、ロンドン！」終了。

よかった。次男はまだ伸びしろがあった。

（2020年10月23日号）

一般人

落語家は着物を脱ぐと『一般人』。和服を着て、座布団に座って、首を左右に振りながら独り言ちていたらかろうじて落語家と判別できるが、一度私服に着替えて街に出ると、一般人以上に『一般人』。「落語家専門の私服コーディネーター」がいるのか、と思うくらい皆おんなじような格好をして、ドトールでブレンドコーヒーを飲んでいる。ジャーマンドックを頬張りながら、日刊スポーツを読んでいる。お冷やを自分で注いで、テーブルが濡れるのが気になるので、紙のお手拭きをコースター代わりにコップの下に敷いている。スマホで電車の乗り換えを調べたり、なかにはいまだにガラケーでiモードを覗いている人もいる。レシートは必ずもらって確定申告にそなえる。

電車に乗って空席を探すも見つからず、諦めてドア付近に寄りかかりひと息つく。中吊りをジッと見入る。石原さとみ結婚の記事にとりあえずガッカリしてみたり、「女性自身」の小室さんの記事を見て「いま日本に小室さんに興味のある人、何人くらいいるのだろう? 石原さとみのお相手が『一般人』なら小室さんも『一般人』ではないのかしらん」と思いを馳せてみたりする。駅に着き座席が空いたので、急いでお尻を割り込ませ、またひと息。膝に着物の入ったリュックを抱えるも、雨が降っていたので傘のやり場に往生し、膝と膝の間にピタリと挟んでみる。

カバンから浅田飴クールの青い缶を取り出し、飴を舐めようとするのだが、たった一つ残った飴が穴からなかなか出てこない。無理に出そうとして缶を振ると飴がぶつかり、カチャカチャいって煩い。あまりに出ないので、仕方なくプラスチックの中蓋を外す。ようやく出

【一般人】 2020年秋、人気女優の石原さとみさんが「一般人」との結婚を発表した。お相手が噂のあったIT社長ではなかったことから、一般人とはどんな人か?と話題になった。

てきた飴を口に放り込んだとたんに、膝に挟んでいた傘が正面に「パタン」と音を立てて倒れた。万事上手くいかないことに己の老いを感じる。

電車を降りて、そういえばＳｕｉｃａの残額が少なかったことに気づく。改札で止められる前に自動精算機でチャージしてしまおう。と、カードを差し込むと残額「９８６円」。「なんだ、まだあるじゃないか」。ちょっとガッカリする。そのまま引き抜くのもシャクに障るので2千円だけチャージする。領収書ボタンを押すのを忘れたが、駅員さんにわざわざ頼むのも面倒くさいので、仕方ない諦めるか。

池袋演芸場前の11時50分。今日は早い上がり時間に変更になった。開場を待つお客さんの列を横目に向かいのファミマへ。ギャツビーのフェイシャルペーパーを買わねば。コンビニ限定の20枚入りを購入。店内で封を切り、ゴミはレジ横のゴミ箱へ。客引き中の演芸場の従業員に「いらっしゃいませ！」とお客に間違われ、開場を待ち列をなすお客さんに声をかけられることもなく、エレベーターに乗り地下2階へ。

「おはようございます」と楽屋の扉を開くと、すでに着替えて落語家になった『一般人』と、『一般人』に戻った落語家がバカっ話の真っ最中。「それじゃ、おさきぃ〜」と帰っていった『一般人』と入れ替わり、ぼちぼち私も落語家になる。

（２０２０年10月30日号）

薬物

東海大野球部部員の大麻使用が発覚した。部は無期限活動停止らしい。連帯責任？　やってない部員がなんかかわいそうじゃない？　連帯責任はむしろ監督者の責任放棄のような気がするなぁ。

『薬物』についてなんか言える立場じゃないので、今回は周辺のオクスリ事情についてツラツラと書いてみますか。

毎朝、尿酸値を下げる薬を飲んでいる。3年前に痛風の発作が出てから転ばぬ先の杖。これさえ飲んでおけば安心だ。「暴飲暴食できる『魔法の薬』なんだぜ！」と家人に言うと「アホめ」と吐き捨てられた。え？　違うの？　3カ月に一度採血して薬を処方してもらっている。薬局のお姉さんが毎回「お気をつけて」と言ってくれる。お姉さん、これは『魔法の薬』なんだから大丈夫なんだぜ。

カバンの中のポーチには正露丸を常備している。チャックを開けるとかなり臭う。糖衣錠なのにまだ臭う。これだけ科学医学が進歩しても正露丸は臭う。人類には伸び代があるようで、楽しい。それとも正露丸に関して人類は諦めているのか。まぁ、臭わないと効かないよ

【薬物】　2020年10月17日、東海大学は、原辰徳巨人軍監督らが輩出した硬式野球部の複数部員が、寮内で違法薬物を使用していたことから、同部を無期限活動停止にしたことを発表した。

うな気もするからこのままでいいのかな。

保育園のころ、喘息の発作で夜が嫌いだった。横になると胸から喉がヒューヒューいって眠れない。椅子に腰掛けてなんとか寝ていた。粉薬を吸入器で吸っていたのだが、あるとき間違えて吸わずに吹いてしまった。中のファンが逆に回って薬が外に大放出。母の顔面が粉だらけになって二人で大笑いした。喘息で唯一の楽しかった思い出。最近ようやくヒューヒューいわなくなった。

とある知人の革ジャンの内ポケットから小袋に入った「草」が出てきたらしい。どうも東海大野球部的なヤツのようだ。全く身に覚えがないという。革ジャンは先輩のお古で、先輩に聞くと「知らない！　知らない！　知らない！」と『知らない』を三遍吐いたそうだ。どうも怪しく感じたものの、革ジャンの出所を尋ねると「古着屋で買った」らしい。皆さん、古着には気をつけて。けっこうそんなことあるみたいよ。

地方の落語会の打ち上げでハブ粉をもらった。『原材料ハブ』とだけ書いてある。「これ飲んで寝れば二日酔いなんて絶対ないですから！」。とにかく凄い自信だ。「ホントにどんなに飲んでも大丈夫？」「はい‼」。じゃあ、としこたま飲んでベロベロになる。ハブ粉があれば無問題！　だいたい毎回酔っ払い過ぎて、ハブ粉が飲めない。翌朝口の周りは粉だらけ。めちゃくちゃ二日酔いだ。嘘つき。

戦後、噺家はよくヒロポンをやってたらしい。違法になってからもコソコソやってたので、とうとう使用していた噺家一同に警察への出頭命令。偉い人が警察に行くのを嫌がって、万年前座のお爺さんを代表として送り出したという。「私、一人でやってます」と言い張るお爺さんに警察も苦笑い。何日かブタ箱にいて無事帰還。「エライ！　一生面倒みてやる！」とお偉いさんは大喜び。お爺さん前座は何不自由なく暮らしましたとさ。

東海大とは大違いの、独りだけに罪をおっ被せる無責任な落語家最高。クスリ、ダメ。ゼッタイ。

（2020年11月13日号）

終電

もう11月。こりゃ瞬きしてるうちに暮れになるぞ。忘れないうちに早めに言っておこう。メリクリ。ちょっと早いが、あけおめ、そして鬼は外。

今年はオモテで遅くまで呑むことも少なかった。忘年会も少人数での開催、もしくは中止だろうなぁ。会社内での飲み会は禁止されていたり、届け出をして許可を得て……というところも多いらしい。

【終電】東京メトロ、JRなどの鉄道各社は、終電時間を30分程度、繰り上げることを発表した。長引くコロナ禍により、外出控えが慢性化したためと見られている。

ほんと世知辛い世の中になりました。『終電』が鉄道会社によっては早まるらしい。そういえばここのところ『終電』を気にして呑む……ということをしていない。都内23区なら、まぁタクシーに乗っても金額はたかがしれてるしね。若い頃に比べると私も豊かになった。よわったね。偉くなっちゃったねー。

なんつってね。もっとも40過ぎて酒に弱くなったのか、終電近くなるとベロベロで「タクシー代どーってことねー」と気が大きくなるだけなのだ。翌朝、くしゃくしゃになったレシートを見て後悔することしきり。1時にタクシーに乗ってるし。もうちょい早く店を出れば終電に乗れたじゃないのさ。我ながらシラフのときの性根はみみっちいものだ。しかも最寄りのターミナル駅までは終電で行ってるし。タクシー代も初乗りに毛の生えたような額だし。

前座の頃は終電を逃すとたいがい朝までコースだったな。上野で呑めば安いチェーンの居酒屋を5時に放り出されて、24時間やってるもっと安い居酒屋に河岸を変えて、朝湯が開くと御徒町の「燕湯」でひとっ風呂浴びて、そのまま帰らず上野鈴本演芸場へ。

酒の匂いをぷんぷんさせながらまだ誰も居ない木戸をくぐって、楽屋に一番乗り。自分一人の楽屋。一番偉い人が座る上座の座椅子に腰掛けてみたりする。やっぱり見晴らしがいい。いつになったらこんな所に座れるようになるのか、気が遠くなるよ。

楽屋のテレビをつけた。せっかく独りなんだから、観たいチャンネルを観てやろう。しかし前座になってしばらくゆっくりテレビも観てないので、何が観たいのかもわからない。エアコンをつけて楽屋の畳に寝そべってみる。この時間帯でなければこんなこと不可能だ。快適。あぁ、デカいテレビとエアコンが欲しい。

高座にあがってみる。胡座をかいたり、寝転んだり。そうさ、俺は自由さ。普段出来ないことをしてみるか。高座に登場するときの、「出」の練習をしてみた。ゆっくりとした足どりやら、早足やら、愛想振りまいたり、ムスッとしてみたり。オリジナルな登場スタイルを研究。誰かに見られたらかなり恥ずかしい。

座布団を敷いて、誰もいない客席にむかって、酔いにまかせ習いたての噺を大声でさらってみた。二日酔いのガラガラ声も観客のいない寄席に響き渡るとキレイに聴こえた。独りで舞台袖の太鼓を叩く。音が胸にぶつかるとさっきまで呑んでたチューハイが込み上げてくる。だめだ、こりゃ。アタマが割れそうになってきた。先輩が来るまで30分眠れるな。自分の着物を上掛けにして太鼓部屋の板の間に横になる。うぅ、気持ちが悪い。

久々に終電を逃したタクシー待ちで思い出す。こんなダメ前座、今もいるんだろうな。

（２０２０年11月20日号）

鬼滅の刃

とにかく『鬼滅の刃』。老いも若きも、男も女も、みーんな『鬼滅の刃』。映画は動員記録を更新中で流行語大賞にも、もちろんノミネート。

おまけに菅総理まで予算委員会で「全集中の呼吸で答弁にのぞみます」とやってどんズベリ。国会のおじさんおばさんたちには通じなかったようだ。ならば一度でやめずに毎日言い続けなければ。顔に痣のペイントしたり、竹の筒を咥えたり、金髪にして居眠りしたり、天狗の面をつけたり……これでもかこれでもかと諦めることなく次の攻撃を繰り出さないと。鬼殺隊の隊員たちを見習え、菅さん。

我が家といえば、コロナ自粛の最中に気づいたら単行本が全巻揃っていた。家内がAmazonで大量購入したようだ。「読んでみたら? ハマるよ!」と勧められて私も読んだ。なるほど。最初は画になかなか入り込めなかったが、読み進めていくうちに慣れてきた。「キン肉マン」「北斗の拳」「聖闘士星矢(セイント)」「キャプテン翼」に浸っていた小学生のころを思い出し「おー、今、オレ、(週刊少年)ジャンプ読んでるっ!」と、熱いものが込み上げてきた。22巻まで読んだ。まだ最終巻の発売まで待たされている状況。私以外の家族は何度も何度も単行本を繰り返し読み続けている。おじさんは何度も読む気力と時間、そして記憶力もない。キャラの名前とストーリーをどんどん忘れていく。甘露寺蜜璃だか、貫地谷しほりだか、我妻善逸だか、我妻佳代だか、煉獄杏寿郎だか、千石イエスだか、炭治郎だか、団時朗だか……もう頭パンパン。

浅草の老舗蕎麦屋・十和田の店先で緑と黒の市松模様のマスクが売っていたので購入し、子どもらにあげると「炭治郎マスクだーっ!!」と予想以上に喜んでくれて父親の株が上がった。よかった。ただ家にあった緑のチェック柄のネルシャツが表で着られなくなってしまった。こんなの着てたら周囲から「おやおや（ニヤリ）」と思われるに違いない。ブームが去るまでタンスの奥に居てもらおう。

「家族そろって映画を観に行こう」と家内がチケットをネット予約した。寄席の楽屋にいると、家内から『とったぞー』と予約確認メールがLINEに添付されてきた。日付を見るとどう見ても、「本日」しかも「今から30分後」だ。「予約間違ってないか？」「あ……じゃ今からみんなで行ってくるわ」だって。寄席から帰ると、放心状態で「よかった……」だって。娘なんか泣き疲れてグッタリしていた。「観たかったなぁ」と言ったら「大丈夫！　付き合うから！　今日は予習！　何度でも観られる！」だって。

ということで、もう一度予約し直し明日家族で観に行くことになりました。楽しみではあるのだが、微妙にノリ切れていない自分もいてちょっと不安です。『無限列車編』か……。字面のせいで、どうもゲゲゲの鬼太郎の『幽霊電車』が頭をチラつくな。妖怪を信じない愚

【鬼滅の刃】アニメ映画「劇場版『鬼滅の刃』無限列車編」の観客動員数が初日から73日間で2404万9907人を記録し、興行収入でも長年1位だったジブリ映画「千と千尋の神隠し」と入れ替わった。

かな人間が「幽霊電車」に乗せられてえらい目に遭う話。怖いんだよ、あれ。「臨終駅」とか「火葬場駅」とか「骨壺駅」とかさ……。お化けは信じないとね。いかん、鬼太郎じゃない。鬼滅だった!!

（2020年11月27日号）

郵便投票

アメリカ大統領選はバイデンさんの勝利がほぼ確定のようですが、11月12日付のニュースによると『ジョージア州、500万票、手作業で再集計』なんだそうだ。20日までにやらなきゃいけないんだって。24時間態勢で1時間に2万3千票を集計しないと間に合わないんだって。まじか。今回は全て憶測と妄想です。

これって選挙管理委員会だけで足りるのかな？「遠洋のマグロ漁船に乗せられて～」「気づいたらダム現場の詰め所に放り込まれて～」的なワケアリたちの力も借りないといかんのではないか？　みんなで黙々と開票開票開票開票。その合間に食事は5分、入浴10分。終えたらすぐに開票開票、また開票。刑務所の封筒貼りのほうが楽しいかもしれん。体操の時間とかあるんだろうか。

ましてやこの時期、乾燥のせいで紙を触ってると指先が荒れるのです。ジョージア州ってアメリカのどのへん？　砂っぽいよ、埃っぽいよ、常に湿度20％くらいだよ（イメージ）。私、指の皮も剥けやすくて、ささくれになりやすい敏感肌。何万枚もの紙をめくってると指の感覚がなくなってきて、知らないうちに指紋もツルツルになっちゃって、指先が切れてたりして、紙に血が付いて横のおばさんに「あら？　川上さん、血が出てるわよ」とか言われて、「洗ってきます」って席を立つと上役が「そんなにしょっちゅうトイレ行ってたらいつまでたっても大統領なんか決まらんわなぁ〜」とか言ってくるはず。やだなぁ。イヤミが傷に染みるよ。

何人態勢でやるのかわからないけど、自分とちょうど同じくらいのやる気の人がチームだといいな。妙に気合入ってる人や、やたらに雑な人が同じだとストレスだ。「それ、チェックマークが半分はみ出てるからみんなに判断仰いだほうがいいんじゃないですか？」「いや……これくらいならOKじゃないかな？」「ちょっとでも疑問を感じる人がいるのなら、そこは一旦立ち止まるべきです。我々のプレジデントを決めるのだからっ！」。めんどくせえ。かといって「はーい、この山、だいたいバイデンでーす！　休憩入りまーす」というコネで入ってきたバブル期の新人ＯＬみたいなのも考えものだ。

コロナだから開票所だって換気が大切。窓を開け放しで開票していて、大風が吹いてきた

【郵便投票】　２０２０年に行われたアメリカ大統領選では、コロナ禍のため、郵便による投票「郵便投票」が勝利の行方を左右した。結果はバイデンがトランプを破り大統領に就任。

らどうしよう。「わーっ！　飛んでっちゃったっ！（泣）」「ここに置いてあった3千票、また最初から数え直しかよ」みたいな「ドミノあるある」は勘弁。みんなドンドン無口になっていくしね。

『郵便投票』って到着がかなり遅れる地域もあるらしい。期限はあるだろうけど、そんなに遅れるってどういうことだよ？　ことによるとヤギなんじゃないか？　ヤギさん郵便？「シロヤギさんたら開票所に届けずに食べちゃった」みたいな？　となると、そのヤギたちの便を採取して、ザルにとって、水でゆすいで、そのなかの未消化の投票用紙の紙片を繋ぎ合わせて、一票一票紡いでいくのか……。

物凄い地道な作業をされる方に頭が下がる。指の傷口にヤギの便をすすいだ水が入ると大変です。キズパワーパッドを忘れずに、民主主義万歳。

（2020年12月4日号）

失言

通販で「おしゃべりアカチャン人形」みたいなやつを買ってみた。「おはよう」「いいてんきだね」「おやすみなさい」……ありきたりのことしか言わず、刺激が足りない。

アカチャンと真逆のものは……お爺さんか。なんと「おしゃべりおじいさん人形」を発見。しかも数種類。みな胸にバッジを付けている。税込み5980円なのに「おしゃべりアソウくん」だけ税込み7980円。どうやら衣装が他の人形より高級らしい。キザなハットにトレンチコート。付属品でライフルまでついてきた。スイッチを入れるとダミ声で「え〜、シモジモのみなさ〜ん」。8千円近く払わせといて「シモジモ」とはなんだ！「お前はそんなに偉いのか⁉」と返すと「どこの社だ？」とこちらをペンで指してきた。しまいにゃ「おたくらとは民度が違いますから（笑）」……なんだ、こいつ⁉ 即、返品。

「おしゃべりガースー」。スイッチオン。なんだこれ？ 無表情かつ話がたどたどしい。これ……立場上、無理してしゃべってるだけじゃないか？ 原稿を取り上げたら黙りこくった。なんか見なきゃしゃべれないのか？ 可哀想になって「お話、苦手なの？」と優しく聞くと、ジロリとこちらを睨んで「その指摘には当たらない」だってやがら。クーリングオフだ！

「おしゃべりニカイさん」。ずいぶん古い型だな、この人形。マスクから鼻が丸出し。付属品の「だんまりセイコちゃんと家来一同」を横に並べると話し始めた。「むにゃむにゃごにょごにょはにゃはにゃ」。なに言ってるかわからない。時折、声を張ってると「怒ってるの？」とわかる程度。でも目に見えない力があるようで、並べておくとガースーは気の毒なほど下

【失言】２０２１年２月、森喜朗東京五輪組織委員会会長が、「女性は話が長い」と「失言」し、辞任に追い込まれる。

を向いて黙っている。人形焼に似てるね、ニカイさん。「おしゃべりカトウかんぼうちょーかん」。この中では若い。スラスラとソフトなおしゃべり。ただ、基本薄ら笑いなところがちょっと気になる。頭が大きくて不安定で腰がグラつく。「なにかご質問は？（笑顔）」と聞かれたので、思いつくままに質問すると「その件に関してはコメントする立場ではないと了解している」だと。「じゃあ、どういう立場？」と聞くと「今日はまだご飯食べてないので」「ご飯のあとはどうしますか？」と矢継ぎ早にご飯の話ばかりしはじめた。「ご飯論法」ってそういうことじゃないだろ。明らかにプログラムミス。正直、一番タチが悪いぞ。

「おしゃべりヨシローくん」。『信頼と実績』と謳い文句にあるが、疲れた表情。「どうしたの？」と聞くと「最近いろいろありまして……」とざっくばらんに話してくれた。娘にも孫にも怒られて辞任。「一生懸命尽くしてきたのに、何故ここまできてこんな憂き目に遭わねばならないのか！」からの、あれやこれやの政界裏話。面白い。めちゃくちゃ面白い！ダントツでヨシローくんじゃないか。「ヨシローは人たらし」という噂を聞いてはいたが。説明書を見ると『必ず一人でお楽しみください』とある。なるほど。無難かも。今までお疲れ様でした、と人形を抱きしめた……。

……そんな夢を見た。

（2021年3月5日号）

SDGs

反省しています。自分が世の中をいかにぼんやりと見ているのかがわかりました。

そもそも「そんなに流行ってるのか？」と不思議だった。ここ数年注目してる人も多いと聞いていたが、その勢いは衰えることなく最近になってまた増しているのではないか。

街中でも、電車の中でも、胸に虹色のピンバッジをつけてる人をよく見かける。どちらかというと意識高そうなサラリーマンが胸に誇らしげにつけている。そんな層にも支持されてるのか。そもそもピンバッジみたいなグッズまで売られてるとは知らなんだ。案外と手広い。でも、わざわざ普段から胸につけてまでアピールするものなのか。

と、思ってたらニュースで観た政治家までつけていた。しかも政府関係者。おい、そんな権力を持った人がそこまで肩入れしていいの？　まずくない？　いや、それどころか某放送局の社長が、他局のバッジを胸にしている。東京ローカル局のマスコットを嬉しそうに身に

【SDGs】「持続可能な開発目標　Sustainable Development Goals」略して「SDGs」。2030年までに達成すべき具体的な目標として国連で採択された。

つけてるなんてどうなってんだろう？

……なんてなことをボンヤリと考えていた私に出された今回のお題は『ＳＤＧｓ』。「あー、あのちょっと前にデモしてた学生の集まりか……でも話題的に古くないかい？」と思って検索してみると、『ＳＤＧｓ』とは「持続可能な開発目標」とありました。『ＳＥＡＬＤｓ』は「自由と民主主義のための学生緊急行動」だそうだ。奥田愛基。字面の雰囲気だけでした。

街ゆく人やお偉方が胸につけているレインボーカラーのリングのバッジ、あれは東京ＭＸテレビのマスコットキャラクター『ゆめらいおん』ではなかったのね。丸いリング状の七色のたてがみとつぶらな瞳で微笑んでるライオンと、『ＳＤＧｓ』のバッジ。私には同じに見えました。バカ面で鼻ほじりながら「みんなＭＸテレビすきなんだなー」と感心してたのに、頭から冷水をかけられたようです。

『ＳＤＧｓ』の概要をざっと読んでみたら、「ほっほー。これが全て達成されたら世界はユートピアじゃなぁ……」と若者の夢を聴いてその青臭さにニヤニヤしてしまう老害爺さんみたいな気持ちに……。この感じがまたダメなんだ。自分でもわかってる。「ホントに出来んの〜」なんて、なんでも斜に構えてみる自分の曲がった性根にはもううんざりです。世界の危機には正面から向き合おうぜ、ですよ。

『ＳＤＧｓ』のバッジ、どうしたら手に入るのか調べたらＡｍａｚｏｎで売ってました。国連公式のものが数百円です。数えてみるとやっぱり17色。17の目標の下には計１６９のターゲット。これを胸につける。みんな重くねえのかな……。全文読んでも覚えられないし、17全てを意識して生きてくなんて無理だわ。この中から「これなら！」と自分が思う目標のカラーを選んで身につけるというのはどうだろ？　選べない時は真ん中の針をくるっと回して、それが指した目標に向かって進むとか……完全に『人生ゲーム』のルーレットだな。

……なんて他愛もないことを考えながら、『5時に夢中！』を観ている。『ゆめらいおん』を見たら『ＳＤＧｓ』を思い出せ、俺。『ゆめらいおん』は今日もかわいい。

（２０２１年3月12日号）

渋沢栄一

ちょっと前に1万円札がこの方になると聞き、「ほうほう、そういえばそんな人、日本史で習ったなぁ」と、息子の教科書を借りてきて、ぼんやりとそのお顔を眺めていると「かあさ〜ん。爪切り、どこいっちゃったかな〜？」と、台所に居る奥さんに、自分で捜せば何とかなるようなモノのあり場所を聞き、「目の前にあるでしょう！」と呆れられ、おまけに切った爪を辺りに飛ばして「ゴミ箱に捨ててくだ

【渋沢栄一】２０２１年のＮＨＫ大河ドラマは「日本資本主義の父」と呼ばれる「渋沢栄一」を主人公にした「青天を衝け」。主演は吉沢亮、徳川慶喜を草彅剛が演じた。

さいよ！」と怒られる、定年したばかりの人の好いお父さんに見えてきました。渋沢栄一。話すときに句点がなさそうな顔だなぁ、とも思います。だからつられてしまったの。「もー、お爺ちゃん。何が言いたいかわからないからハッキリしゃべってよ！」とか孫娘に言われてそう、渋沢栄一。いっそのこと区切りまくって「渋沢、栄一。」でどうだ？　間に読点、終わりに句点を入れるとちょっと主張がありそうなかんじです。少しの工夫でこんなに変わる渋沢栄一。驚いたか、孫娘よ。

平泉成と河原崎長一郎を足して、上からお湯をかけて10分どん兵衛にしたような、そんなお顔の渋沢栄・。平泉成も句読点を入れると、かなりトンガってるね「平泉、成。」。河原崎長一郎は長いから普通に句読点打ちたいよね「河原崎、長一郎。」。河原崎長一郎さん、懐かしいな。「意地悪ばあさん」の息子役でしたね。調べてみると歌舞伎の名優・四代目河原崎長十郎丈のご子息。父上は熱心な共産主義の信奉者で、中国の文化大革命を支持して日本共産党を除名されたり、所属していた前進座を除名されたり大変な方だったようです。あ、長一郎さんは『白い巨塔』の佃先生もやられてましたね。

ん？　なんだっけ。そうそう、渋沢栄一だ。女好きだったらしい。艶福家。初めてこんな単語を書いたな。栄一のおかげ。「豊」と「福」で「色」を挟み撃ち。しかも渋沢。ダブルでサンズイ。栄一、びしょびしょ。なんでも本妻とお妾さんと同居していたとか。詳細は知りませんがメンタル強すぎ。子どもが20～50人いたそうで、ハッキリしていないというのがたまらない。『ウルトラの父』みたいなシンボリックなお父さんじゃなくてリアル子だくさん。

栄一は『日本資本主義の父』と言われているが、「『日本資本主義の父』の息子」「『日本資本主義の父』の娘」もたくさんいたし、「『日本資本主義の父』に本妻と同じ屋根の下で囲われていた妾の息子、娘」も存在したのです。

栄一が書いた『論語と算盤』が売れているそうだ。現代にも通じるビジネス書だって。『論語』って孔子様のアレでしょ。中国初のベストセラー。それに「と算盤」を付けて売っちゃうなんて商売上手。ということは、後追いで『論語と算盤』の下にまた「と○○」をくっ付ければ、バカ売れ間違いなし。『論語と算盤と男と女』『論語と算盤とYシャツと私』『論語と算盤と俺とお前と大五郎』とかね。

よくわからないから大河ドラマ『青天を衝け』を見てみましたが、どこに渋沢いるの？　あれ？　平泉成出てるけど渋沢栄一役じゃない!?

P.S. 平泉成と河原崎長一郎はけっこう共演してる。

（2021年3月19日号）

リバウンド

ここんところ『リバウンド』と聞くとコロナ感染者数ばかり思い浮かべてゲンナリ。これを書いてるただ今、3月末。すでにリバウンドが始まっているようで2週間後が恐ろしい。人類はリバウンドとしばらく付き合っていかねばならないのだろう。

「バスケットボールの跳ね返り」や「ダイエットの失敗」だけでなく、私たちの周りには『リバウンド』が至る所に転がっている。

さっきトイレで用を足した。ちっちゃいほう。辺りに跳ね返った。リバウンドである。家内からは常に「座って小用を足せ」と言われている。正直、急いでる時はめんどくさい。「これくらいならバレないか」とリバウンドを拭かずに出る。入れ替わりに家内がトイレへ。「ちょっとっ!!（怒）座ってしなさいよ！」「したよ！」「嘘！　便座が上がったままだろがっ！（激怒）」。小言のリバウンドである。ものの数十秒で2リバウンド頂いた。

小さな話だが、うちの引き戸の閉まりが悪い。常にリバウンドする。バイーン。「もーっ！」とヤケになって閉めると行ったり来たりしやがる。リバウン戸だ。グラッチェ。

ご飯の水加減。年で目が悪くなってきたのか、目盛りをいつもオーバーしてしまう。結果、水っ気たっぷりのリバウンド粥。これに「梅昆布茶」の粉を少量入れて混ぜると美味しいよ。美味しさのリバウンド嬉しい。

駅のホームはリバウンドの宝庫だ。駆け込み乗車のサラリーマン。乗り込む直前に扉が閉まる。決まり悪そうに引き返すリバウンダーたち。たいがい「なんともないさ」な空気を漂わせるが、こないだ見た外国人のリバウンダー。「ガッダムっ！（怒）」と地団駄。本場のリバウンダーはこうでなきゃ。でも駆け込み乗車、ダメ、ゼッタイ。

電車内で時折、行きずりの赤ちゃんと見つめ合うことがある。私は子供が好きだ。お母さんの目を盗んで赤ちゃんを笑わしにいく。寄り目にしたり、メガネを上下させたり、手練手管でご機嫌を伺う。笑った。おちょぼ口にする。また笑った。舌をベロベロする。ケラケラ笑った。ひたすらに目ヂカラを込めて、口を半開き、目一杯に鼻の穴を広げた……めちゃくちゃ泣いた。リバウンド。異変に気づいたお母さんがこちらを睨む。2リバウンド。「やべぇ、降りなきゃ」と思ったら乗り過ごしていた。3リバウンド。

寄席の楽屋。前座さんに聞くと、数は少ないがよく笑うお客さんだそうだ。なんならこれ、リバウンドじゃないの？　よーし、と意気込んで高座へむかう。嘘つき。まるで笑わねぇじゃねぇか。いつものつかみのマクラもさほど響かず、ネタに入る。「こんなもんかな……」と半ば諦めつつも、「いや、投げちゃならん！」と、黙々と淡々とサゲ（オチ）へ。瞬間……ドーーーーンっ!!という地鳴りのような笑い声が上がった。初めは反応が微かでもお客さんと自分を信じてやってれば、たまーにこういうことがあるからたまらない。最高の『リ

【リバウンド】本来は「跳ね返り」の意味。長引くコロナ禍においては、一度はおさまった、終息したと思ったコロナの流行がまたぶりかえしてしまうことを指す。

バウンド』頂きました！　いや、滅多にないけどね。

リバウンドはどこへ飛ぶかわからないから面白い。あ、おしっことコロナ以外です。

（２０２１年４月16日号）

ＬＩＮＥ

２０１９年の７月にガラホからスマホに変え、ＬＩＮＥを始めてまだ2年足らず。弟子に設定してもらった。

弟子Ａ「これで『ＬＩＮＥ』出来ます」

私「ありがとう。で、お金どれくらいかかるの？」

Ａ「無料ですよ。電話もタダでかけ放題です」

私「タダっ!?　つーか、ＬＩＮＥって通話も出来る？」

Ａ「ＬＩＮＥ、やってる人同士なら出来ますよ」

私「そうか……みんな、ＬＩＮＥやってるかな？」

Ａ「日本人の半分くらいがやってるみたいですよ」

私「みんなもやってるのか？（３人の弟子にむかって）」

BCD「（声を揃えて）やってます」

私「なぜそんな便利なものを早く師匠に勧めない？」

A「……師匠はあまり必要ないのかなと思いまして」

私「ちょっとは勧めたらいいじゃんか！　今まで『LINEやってないんですか？』って聞かれて『はい、必要ないもんで』って応えてたけど、みんな複雑な顔してメルアド交換してたんだよ！　あれは『めんどくせえな』ってそういう顔か!?」

全員「でしょうね」

私「わ!!『よろしくお願いします』ってきた！」

B「私が送りました。返信してみてください」

私「『今後ともどうぞ宜しくお願い申し上げます』」

B「なんでそんなに丁寧なんですか……」

私「お!!『既読』って出た！　これか！　有名な『既読スルー』というのは!?『LINEいじめ』!?」

B「スルーではないです。いじめてもないです」

ACD「一門のグループつくりますね。メッセージ送るとみんなに届くんです」

【LINE】複数人のグループ通話を含む音声通話やチャットが可能なアプリソフト。パケット定額制サービスに加入していれば通話料金を課金されることなく無制限に通話ができる。

私「どういうこと？　『連絡網』みたいなこと？」
A「違いますね」
私「大浴場に浸かって皆でお喋りしてるかんじか？」
A「そうです（テキトーに）。とりあえず、ここの『友だち自動追加』というところは絶対に許可しないでください。面倒なことになりますので」
私「どんな？」
A「『友だち』がドンドン勝手に増えちゃいますよ」
私「居ないより『友だち』増えるのはいいじゃないか」
A「『友だち』になりたくない人とも『友だち』になってしまいます」
私「それはもはや『友だち』じゃないだろ？」
A「LINEでは『友だち』と呼ぶんです。私たちと師匠もLINE上では『友だち』」
私「師弟だろ？」
A「『師弟』であり、『友だち』です」
私「……『LINE友だち』ってこと？」
A「ということです（めんどくさそうに）」
私「お前らはオレと『友だち』になりたいのか？」
全員「……師匠がよろしいのであれば……（かなり鬱陶しそうに）」

弟子たちが帰ったのち、『友だち自動追加』なるものと向き合う。これを設定すると「ドンドン『友だち』が増える」のか……。家族にも弟子にも捨てられてどうしようもなく死にたくなった時、押そう。

『LINE』問題が今話題？　イヤー、ヨソヲアタッテクダサイ。

（2021年4月23日号）

変異型

「変異型」「変異種」「変異株」と聞くとこのご時世、アイツのせいでいやーな気分にさせられる。ポコポコポコポコと変わり種が生まれやがってホント面倒くさいヤロウだ。

でもウイルスも生物。己が生き残るために変異しまくるらしい。「あー、もうホントはこのままで居たいのに……また変わんなきゃいけないのか……しゃーねーなぁ、もう一丁変わってみっか!!」と、旧態依然とした私のような落語おじさんに比べれば、ウイルスはかなりフットワークが軽い。落語家はよく高座で「あいも変わらずお古いところで一席お付き合い

【変異型】新型コロナウイルスは、当初のウイルスから変異し、「ラムダ株」「オミクロン株」など、次から次へ「型」を変異させていくため、感染がなかなかおさまらない。

願います……」などと言う。私もけっこう使うことがあるのだが、これもしコロナに聴かれたら「そんな古臭い常套句まだ使ってんすか、はは」と一笑に付されるだろう。「そんなんでこの世の中、生き残れっと思ってんすか?」とか言われるかもしれない……黙っとけ、このポッと出ウイルスめ！　「あいも変わらず」の素晴らしさがお前らにわかるか!?

で、ですよ。こいつらのせいで今、我々のホームグラウンド『寄席』がピンチです。ハッキリ言って経営難です。緊急事態宣言下でもなんとか定員の50%で営業してますが、お客様はそんなに入りません。出演者のほうが多い時もあるくらい。前年同月比でマイナス50%ほどの収益らしい。寄席はほぼ個人経営、一度閉じてしまったら再開再建は不可能でしょう。本気でマズイ。いつも、そこに、あいも変わらずあるはずの寄席が無くなってしまうかもしれない……。

そこでニュースでも取り上げられましたが、落語協会と落語芸術協会が手を組んで『寄席支援クラウドファンディング』を立ち上げることになりました。別に仲が悪いわけじゃないけど、いつもは共闘することはない2団体。でも黙って寄席の危機を見てるワケにはいかないということです。我々も変わらなきゃならない。「クラウドファンディング設立記者会見」に私も登壇したのですが、「寄付を募る」なんて本来粋を旨とする芸人としては野暮なことかもしれません。でもね、コロナは粋とか通じないからねぇ。突然変異で「鮫小紋」柄の乙なウイルスとか現れたら別ですが。あいも変わらずオカミはぼんやりしてますから、それなら野暮を承知で落語を愛する皆様の善意にすがろうかと。ただ本当に集まるかなぁ……と心配してましたが。

結果、受付開始から4日間で目標額の5千万円を達成しました。ご協力頂いた皆々様、心より御礼申し上げます。引き続き6月30日まで目標額を上げて受け付けておりますので、よろしくお願い申し上げます。皆様からの御志は全て都内の寄席5軒の公演運営に充てさせて頂きます。「コロナが収束したら必ず寄席へ行きます」「寄席の灯を消さないで」というコメントを見て思います。寄席の高座を楽しんでもらうべく一所懸命に芸を磨き続けるのが、落語家からの皆様への恩返しです。

……普段、いいかげんなことを書いてますが今回はちょっと変わっちゃったですね。あー。ところでニシキヘビ、どこ行っちゃったんだろう（翌日発見）。

（2021年6月11日号）

貴族

世の中にはいろんな『貴族』がありますね。『五輪貴族』だって。煌びやかなドレスと宝飾品で着飾った、物憂げな表情をしたザ・貴族ないでたちの五輪真

【貴族】バッハ会長をはじめとするIOC委員はファーストクラスで移動し、常に五つ星ホテルに泊まるなどまるで「貴族」のようだと、コロナに苦しむ日本国民に非難された。

弓さん。ではなく……ＩＯＣに関わるお偉いさんたちのことを揶揄して『五輪貴族』というようです。開催国に大挙してやってきて、高級ホテルに泊まり、日々パーティーに明け暮れ、飯を食いながらスポーツ観戦して、観光したり、ワーワー騒いで終わったらご機嫌で帰っていく人たち（ボンヤリした情報）。羨ましいですね。私も来世は五輪貴族に生まれたい。スポーツ、興味ないけど。ところで『五輪真弓』って字面。オリンピックのアーチェリー会場に貼ってある横断幕のキャッチフレーズみたいで、ちょっとカッコいいね。

『焼酎貴族トライアングル』。松田優作さんや石橋凌さんがＣＭに出演していた、めちゃくちゃ安い甲類焼酎です。親父がランニングにパンツ姿でよく飲んでました。ネーミングやＣＭのイメージと実際のユーザー層のギャップがたまりません。水と間違えて飲んでしまった私に親父が「ハハハ、それが『貴族の味』だ！」と言い放ち、「そんな奴ら、みんなギロチンのサビになれ！」と思ったものです。『五輪貴族』はトライアングル飲むかしら。高い酒よりよっぽど燃費がいいですよ、バッハさん。

『刑事貴族』。読み方は「でかきぞく」。雅楽の厳かな調べにのって、パトカーでなく牛車でカーチェイス。衣冠束帯で「おじゃるおじゃる」と言いながら、昼休みに屋上で蹴鞠をする刑事たち（タイトルからのイメージ）。１９９０年に舘ひろし・郷ひろみ主演で始まりましたが、いろんな理由で殉職を繰り返し、パート２で水谷豊主演、人気を得た刑事ドラマ。寺脇康文や高樹沙耶も出てたので、「相棒」の原型とも評されています。「アルマゲドン」より

「刑事貴族」ですよ、パウンドさん！

『珈琲貴族エジンバラ』。私がよく行く新宿三丁目の喫茶店。『貴族ブレンド』1杯８００円。貴族な値段です。焼酎貴族トライアングルの７００㎖瓶より高い。貴族間にも格差があるのですね。繁華街という土地柄か、隣席でマッチングアプリのカップルが自己紹介してたり、勧誘・交渉・謝罪・恫喝……様々な人間模様が繰り広げられる貴族空間、エジンバラ。『五輪貴族』のロビー外交もぜひここで。待ってるよ、コーツさん！

『池田貴族』。イカ天でデビューしたロックミュージシャン。心霊研究家としても活躍しましたが、１９９９年に36歳の若さで早世。「古畑任三郎」のクイズ王の回に司会役で出演されてましたね。当時、私は18歳。大学受験に全部不合格しボンヤリとした不安の中、実家の居間のテレビの前で「あ、池田貴族」と呟いた記憶が微かにあります。ちなみに池田貴族さんのバンド名は「ｒｅｍｏｔｅ（リモート）」。令和の時代が見えていたのでしょうか。クーベルタンによろしく、池田さん！

ネットで『貴族』で検索すると1ページ目はほとんど居酒屋『鳥貴族』の情報なのが、日本っぽくていい。個人的には五輪開催より、早く『鳥貴族』で酒を飲めるようにして頂きたいものです。

（２０２１年６月25日号）

支持率

菅さんが退陣へ。「パンケーキ」の頃は70％ほどの『支持率』だったのに、世間で「マリトッツォ」が流行りだした頃には支持率は風前の灯。お疲れ様でした。チャオ、ガースー。

先日、広島県呉市の独演会でのこと。呉は公開中の映画「孤狼の血　ＬＥＶＥＬ２」の舞台（映画では架空の呉原市）。会場に到着するなり会の主催者が「師匠に是非召し上がって頂きたいモノがありますっ!!」と言う。この方はいつもテンションが高い。私より少し歳上だが、品のある美人でクレオパトラに似てる。前髪もパッツンでパトラ調。以下、パトラとする。「なんです?」「『エーデルワイスの『クリームパイ』！」。エーデルワイスという洋菓子店の『クリームパイ』が最高に美味しい、らしい。

「呉の人はこのクリームパイを食べて育つんです。クリームパイを食べざれば、呉人にあらず！　そうよね!?」。側のスタッフに振ると「ハイッ！」と直立不動で即答。「菅原文太も金子信雄もすずさんも大好き?」と呉っぽい方々を持ち出して聞いてみると「モチロン！　支持率１００％！」とパトラ。おお、凄い自信。まさにこの世界の片隅に、仁義なきクリームパイ。

「サクサクの生地に、カスタードクリームが分厚くのって、その上に生クリームがたっぷり！」。かなり重たそうだが、あまりに推すので食べるしかないか。「じゃあ、いっちゃいますか!?」「そーこなくっちゃ!!」。現実世界で初めて聞いたフレーズ『そーこなくっちゃ』。「コーヒーを淹れて差し上げて！」と家来に命じるパトラ。「はっ！」。コーヒーを淹れる家来。「なかなか手に入らないんですよ！　私も初めてです！」。初めてかよっ!?　パトフ!!「私、広島なもんで。でもほっぺたが落ちますわよ、きっと!!　ねっ!?」。急に振るも家来は苦笑いで「……はい」。明らかにハードルを上げ過ぎな気もするが、楽しみになってきた。

取り分けようとパトラが箱を開けたその時、「なにこれ!?　チーズケーキじゃないっ!!」。箱の中には『チーズケーキ』と書かれたシールを貼られた三角の物体。「誰!?　間違えて買ってきたの!?」。蜘蛛の子を散らすように家来がどっかへ行ってしまった。泣き崩れる女王。「大丈夫ですよ、チーズケーキ好きですから」「チーズケーキじゃダメなんですっ！　クリームパイじゃないと、クリームパイじゃないと……」

その後、落語三席やっている間、私の頭の中はクリームパイでいっぱい。図らずも韻を踏んだが、汗だくで高座を降りると本物のクリームパイを持って「買ってきましたわー！」とパトラ。とりあえずひと息つかせてください……。食べてみたら、これが……美味。甘過ぎず、素朴な味わい。いいじゃないですか、エーデルワイスのクリームパイ！

【支持率】２０２１年秋、マスコミ各社が調査発表する菅内閣の「支持率」が衆議院選挙を前に急落。「菅首相では選挙は戦えない」との声が自民党内で収まらず菅首相は退陣した。

後日、呉出身者にこの話をすると「このご時世に実家に帰りたくなっちゃった……（涙）」と訴えられた。なるほど、クリームパイ支持率高し。傷心の菅さんにはパンケーキでもマリトッツォでもなく、クリームパイで心を癒やして頂きたい。支持率、グラッチェ。

（2021年9月24日号）

総裁選

メディアは自民党総裁選の話題でもちきりだ。いつもの喫茶店でぼんやりしていると、後ろの4人がけテーブルに陣取った70代半ばと思われるおじさんたちがヤイヤイ言っている。

「どいつがなってもおんなじだよなぁ」「ホントホント」「岸田は頼りない」「河野は生意気だ」「高市は笑顔がわざとらしい」「野田はどうせ二階に言われて出るんだろ？　でも……オレの好みのタイプだ」などなど政策抜きの雰囲気や見た目重視の雑な感想が飛び交っている。名もない市井の人々に許される無責任おじさんトーク。

自民党総裁選は投票権のある人間が少ないせいか、総理大臣を決める大切な選挙のはずなのに、みんなどこか他人事、かつ浮かれ気分。

私が覚えている初めての『総裁選』は今から32年前。海部俊樹（58）、林義郎（62）、石原慎太郎（56）の三つ巴。たしか親と一緒に夕方のニュースを観ていて「この人は誰？」と聞いたら「石原裕次郎の兄ちゃんだ」と教えられたのを覚えている。小学6年の私は『『ボス』の兄』というだけで石原慎太郎を応援した。見た目もなんかカッコ良かったし。

海部さんは「ダメおやじ」とか言われてたな。

林さんはまるでお爺さんに見えた。元文科相の林芳正さんのお父さんなんだね、セクシーヨガ。

慎太郎は負けたのに「そんなもんだろう」みたいなかんじでインタビューに答えていて、せっかく応援したのにお前なにサバサバしてんだよ、と子供ながらにイラッとした。まぁ、総裁選って勝てる見込みが無くてもとりあえず出馬しといて、その後の地図を描くのが大事だったりするんでしょうけど。

次の総裁選は宮澤喜一（72）、三塚博（64）、渡辺美智雄（68）の3選手。ヨーダvs.耳毛vs.栃木訛り。やっぱり全員お爺さんに見えたけど、三塚さんが一番若かったのか。意外。子供ながらに宮澤さんからは「貴方たちとは学歴も格も違いますから（笑）」みたいな雰囲気が感じられ、ミッチーの「オラ、庶民派だっぺ」みたいなのもわざとらしく思われ、中2

【総裁選】２０２１年秋、菅首相の退陣を受け新総裁を決める「総裁選」が行われた。立候補したのは、岸田文雄、河野太郎、高市早苗、野田聖子。岸田氏が勝利し新総裁に。

の私は消去法で三塚さんを応援。べつに応援する必要ないんだけど。ワイドショーでは「三塚さんの耳毛問題」を取り上げていた。くだらねえな〜。

そして今回の総裁選。ニュース討論会でのフリップの字が皆さんどうしようもなく汚くて、おまけに岸田さんと高市さんは医療の『療』の字を間違えていて、家族全員でずっこけてしまいました。事前に書いてるんだから確認くらいしときゃいいのに……大丈夫かよ。

ええ、なまじ投票権がないから上っ面ばかりにツッコミを入れてます。今から自民党員になれば多少は総裁選に関われると思い、入党方法を調べてみました。年額4千円。まぁ、たいしたこたぁないが、総裁選から過去2年党員として党費を納めてないと選挙権はないらしい……。

それに今から入党資料請求しても届くまでは10日かかるらしい。選挙まで間に合わねぇや。なーんてこと考えてる人、世の中にけっこういるんでしょうか。

（2021年10月8日号）

パンダ

正月の寄席の掛け持ちで現在、私はいっぱいいっぱいいっぱい。

上野の街を歩いていると、あちこちに『パンダ』という単語が目に入りりますね。看板、アーケード、店頭のポップ、貼り紙にパンダの群れ。視力2・0の人なら視界に30〜50パンダくらい入るのでは。ちなみにパンダは単位。パンダが三つで1パンダとします。

「パンダの街」「パンダの山」「パンダの池」「パンダの丘」「パンダの森」「パンダの小道」「パンダの海」「パンダケ岳」「パンダの富士」「108代横綱・パンダ」「日大パンダ部」「パンダ理事長」「ちゃんこパンダ」……なんてのが上野には溢れています。

「パンダの出産」「パンダの臨月」「パンダが育休」「双子のパンダ誕生」「双子のフランケンシュタイン・パンダとガイラ」「獣神パンダーライガー」「狂い咲きパンダーロード」とかね。「パンダ焼き」「パンダ鍋」「パンダ串盛り、塩がオススメです」「大将、パンダを握りで！」「パンダセット二つ、一つはパンダ少なめにしてください」「シャリキンでパンダ炭酸割り、氷なしで」「あのー、こっちのパンダまだなんですけど！」なんてのも。

「パンダ祭り」「パンダフェス」「パンダ運動会」「街コンパンダ」「痛快パンダ通り」「パンダちゃんといっしょ」「パンダのくせに」「うちのパンダにかぎって……」「貴様、パンダきどりか？」「パンダの都合でして」「もしもし、パンダですけど」「あー、お前、あのときのパンダか」「パンダの見てる目の前で!?」「立憲パンダ党」「パンダびと」「パンダくん、ハイ！」

【パンダ】２０２１年６月23日、上野動物園で双子のパンダが誕生する。後に「シャオシャオ」「レイレイ」と名付けられた双子の赤ちゃんパンダの愛らしさに人気が沸騰する。

「パンダビューイング」「瀬戸内パンダ」「パンダ寂聴」「パンダ、一時間八百円!」「川浜高校対相模一高、109対パンダ」「パンダ、この野郎!」「もし、君がOKなら黄色いパンダを掲げておいてくれないか?」などなど。まぁ、なんとパンダの多いこと。まさにパンダにおんぶに抱っこ。……いかん。『ゲシュタルト崩壊』を起こしそうになりました。

しかしまぁ、パンダ。問答無用、完全無欠にキュート。パンダ大嫌いって人がいるのか?いるとしたら、よほど奇を衒ったことを言いたがる目立ちたがり屋か、パンダに迷惑を被っている人だろう。

見た目もそうだけど『パンダ』という言葉の響きがまた可愛い。破裂音の半濁音の「ぱ」で始まり、「ん」を挟んで、濁音の「だ」。完璧。『ぱ』のすっとぼけた解放感。両の手を思いっきり開いて、目を見開いて、口をいっぱいに広げて、のどちんこを震わせながら破顔一笑の明るさ。……からの『んだ』。ここです、ポイントは! 東北地方のどこぞの方言にも似た『んだ』。相手の意見に同意、肯定の『んだ』。その響きの温かみ、親しみやすさ、土の香り。「ぱ・です」?「ぱ・なり」?「ぱ・ぞなもし」?「ぱ・やで」?「ぱ・だよ」?「ぱ・っすね」?……いやいや、やっぱり『ぱ・んだ』だね。

こういうどうということのないお題が一番書きにくいんだよな……だから、もう、パンダ、嫌い。迷惑だよ、パンダ。お前の名前は今年から「ゲシュタルト」だ! 『ゲシュタルトの街・上野』。いいね。……さぁ、寄席に行こう。

(2022年1月21日号)

ポテト

「マクドナルドのポテト、M・Lサイズの販売休止」となァ。なんでなんで!?と調べてみたら、「カナダの水害とコロナで物流が滞り、加工済みポテトの輸送が困難」だそうだ。『ポテト難民』続出。フレッシュネスバーガーでは「ウチは国産ジャガイモを使用してるので問題ないでーす。こちらは25%増量しちゃいまーす」キャンペーンが始まったという。仁義なき戦いである。容赦ねぇ、フレッシュネス。ただ、玉ねぎの輸送もダメになって「ポテトは問題ないんですけど……オニオンフライ……やめていいですかね……すいません一旦やめますね……」という事態に！　皆さん大変ですなぁ。そもそも、マックとフレッシュネスのポテトはまるで別物。マックのポテトが食べたくてどうしようもない人がフレッシュネスに浮気しますかね。逆もまた然り。個人的感想です。

小学生の頃、フライドポテトといえば市販の冷凍食品で波型のもの。今のはどうか知らないが、お弁当に入っていた波型ポテトは太い分、腹には溜まるが冷めきっていてパサパサと

【ポテト】コロナの世界的流行によりコンテナ輸送が滞り、北米産じゃがいもの輸入が激減。北米産じゃがいもを使用するマクドナルドのフライドポテトは一時「Sサイズ」のみの販売に。

やたら寂しい味がした。冷めた波型、げんなり。しばらくして、近所……といっても車で10分くらいの場所にマクドナルドが出来た。父がドライブスルーでポテトを買い、ジャスコで買い物をして帰宅した。「ほーら、マクドナルドだぞー」。我が家ではマクドナルドで買った商品自体を『マクドナルド』と呼ぶ。「マクドナルドでマクドナルド買ってきたぞー」。購入してから3時間経ったポテトは、グニャッと曲がり、冷えた湯気で湿り気を帯びた情けない姿。出来損ないの山菜のようだ。細くてしなびたポテトを口に入れる。ムニュしょっぱい。フライドポテトにいいイメージなかったなぁ。

上京後、初めて自分の金でマックのフライドポテトを食べた。揚げたてに降参。「馬鹿にしてスマンかった！」。友達がくれたナゲット用のマスタードソースに付けて食うと「ウマ！なんじゃこら！」。マスタードソースがポテトの感動を通り越してしまった。余談だが、フレッシュネスのポテトを初めて食べた時は「ボーイさん！　フォークとナイフを」と手を叩きたくなるような存在感に圧倒された。ポテトは細いほうが好み。

数年前にベルギーへ行った。フライドポテトの本場らしい。居酒屋でとりあえずビールとポテトを頼んだら、「フリッツ！」と店員がポリバケツのような巨大な器をドーンと置いた。フライドポテトを『フリッツ』と言うらしい。「ジャガイモ屋か」。見れば周囲の客もそのバケツの中のものを貪っている。食べてみた。「あー！」。同席の者が一斉に「あー！」と言って黙々とポテトを食べ続け、あっという間に空になるバケツ。「フリッツ！」。また来た！

知らぬ間に誰かがもうひとつ頼んでしまったようだ。食った食った。あくる日、もうポテトは見るのも嫌だったが「あー……フリッツ!」と誰かがまた頼んだ。「あー!」と言いながら顔を洗うようにポテトを浴びる。一行は「あー、あー!」言いながらフリッツに魅了され続け、おかげでベルギーの思い出の8割は芋の揚げたやつだった。「あー!」

(2022年2月11日号)

円安

最近の上手くいかないことは、すべて『円安』のせい。そう思うようにしている。

景気が悪いわりには天気がいいので、スニーカーでも買おうと靴屋さんへ行くと店員がすぐに寄ってくる。円安のせいだ。円高の時はほっといてくれる。「『この子』なんかどうでしょう?」。靴に『この子』だぁ? 普段ならこんな店員からは買わないが、気に入ったので『その子』を購入。しかたない、円安だもの。

そのお気に入りの子を履いて宮崎県都城市の独演会へ。早朝の生ラジオ終わりの都城入り

【円安】2022年3月には1ドル=115円台だった円相場が、どんどんと落ち続け、2022年9月には、24年ぶりの円安水準、1ドル=145円台に。日本経済の衰退が懸念される。

はめちゃくちゃに眠い。円が安いからね。楽屋入り。「ちょっとチケットのはけ具合が芳しくなく……」。スタッフさんが申し訳なさそうに言われたが「はけ具合」が「禿げ具合」と聞こえ、一瞬ムッとしたのも円安ゆえ。チケットが売れないのはコロナと円安ゆえ。決して私のせいでは……ちょっとあるかな。

開演1時間前。「街を散歩してくる」と弟子に言い残しオモテへ出る。暑。円暑。都城駅まで歩いて10分くらい。さすが宮崎県下ナンバー2のメトロポリタンシティ都城。街は大賑わ……どうやらこの日の都城は危険度の高い円安で戒厳令がしかれていたらしく人っ子ひとり見当たらない。日曜日のお昼だというのに「ひと、いねーなーっ！」と叫んでも恥ずかしくないくらい円安。駅に着く。電車の本数も円安。時刻表がスカスカだった。「帰ろ」と呟き、Uターン。軽自動車はすれ違うのに歩行者がいない。なのにパチンコ屋は盛況の様子。「円が下がるとパチ屋は儲かる」らしい。

楽屋に戻ると何やら左足の裏に違和感。ガムを踏んでいた。しかもまだ粘り気が強い。人影のない街をたった30分歩いて、他人が吐き出したばかりのガムを踏む。しかもおろしたての靴で。自分の引きの強さと円安を呪った。靴底のガムを爪楊枝でカリカリ除去する作業開始。そんな私を傍らで見つめる円安な弟子。「……何見てる?」「お手伝いしますか?」。こんなこと、弟子にやらせるような仕事じゃない。「いーよ！　自分でやるから！」。弟子がなにかスマホで調べている。「……ガムはサラダ油をつけると綺麗に剥がれるそうです」「……

独演会の開演30分前なのに、どこからサラダ油を持ってくるんだよ⁉」。黙って見ている弟子。「何か言いたいことある？」「はい……気になって……」「なによ？」「そのガム……誰が吐いたのかなぁって……」「⁉　やなこと言うなよっ！　気持ち悪いよっ‼　吉永小百合みたいな人は吐かないだろっ‼」「ですよね？　吐くならオッサンですよね！」「うるさい！」。テレビでもつけろ、とスイッチ入れるとデーゲームの中継。佐々木朗希が登板していた。「凄えな佐々木」「そうですね……」「なんだよ？」「粘り強いですね、どちらも」「……」「佐々木も、ガムも」「……ロッテだからな」「……上手い」「上手くねえよ（怒）」。完全に舐められてる。思わず白井球審と同じ顔をして詰め寄りそうになった私も44歳。物心ついたころも今と同じ1ドル＝130円くらいだったっけ。その時は『円高』って言われてたのに。「なにがえーんだか」。上手くねえよ。

（2022年5月27日号）

終活

担当のK氏からの今回のテーマ『終活』についての依頼メールにこうあった。「（前略）〜家終い、墓終い、と『終活』は弊誌の読者層には超大事な問題なので、よろしくお願い申し上げます」

週刊朝日の読者様が全員「終活」に夢中？　そんなことないだろうとも思ったが、まるで間違いでもないようなので、まぁいいか。

数年前に墓を建てた。父（当時73歳）が「今のうちに建てとくか？」と言うので、一応お金は私が出した。父は元気で、今のところ「入居予定」もなく、我が家の墓は空き家のままだ。墓も放ったらかしだと汚れるので、父は時折様子を見に行き掃除をしているそうだ。空けておくのも、もったいない。昔ながらの縦長の墓石に古風に「川上家」と彫らずに、今流行りの横長墓石にしておもて向きは「夢」「愛」とか彫っておけば、誰かに間貸し出来たかもな……なんてことを思いながら私も草むしりに行く。

すっきりした我が家の墓に水をかけ、地元の街をテクテク歩くと、以前仕事でよばれた公民館の前に出た。たしか「防犯落語をお願いします」というオファーだったな。こういった講演会的な意味合いの仕事依頼はけっこうあって、過去には「子育て落語」「防災落語」「婚活落語」「就活落語」……とにかく生活に関するよしなし事を落語で啓蒙してくれ、ということらしい。「防犯」は泥棒の噺→『出来心』『転宅』など。「子育て」は子供の噺→『初天神』『真田小僧』など。「婚活」は大家さんが「そろそろ世帯でももちなさいよ」と店子に縁談を持ちかける噺→『たらちね』『不動坊』など。「就活」は大家さんが「そろそろ遊んでばかりいないで仕事でもしたらどうだ？」と店子に説教する噺→『鷺とり』など。ほぼこじつけなので、ギャラを渡す時の依頼主は複雑。私はいい加減なもんだが、ちゃんとした「納税落語」「成年後見制度落語」を手がけてる落語家さんもいるので、興味のある方はお調べください。

まさに「終活落語」といえるのは『片棒』。大店の主人が自分亡き後、三人息子の誰に後を継がせるか決めるために、「自分の葬式をどうするか」をそれぞれに訊ねる。長男、次男は盛大な葬式派。三男は倹約派。鳥葬を勧めて親父を驚かせたり。「棺桶は使わず菜漬けの樽に天秤棒で出棺ですが、私一人では担げませんので一人は雇うことになります」と言う三男に父も負けていない。「無駄な金は使うな！　片棒はおとっつぁんが担ぐ！」というのがこの噺のサゲ。ブラックユーモアね。

誤解を恐れず言うと、コロナ禍以降、「いい葬式」が無い。次男の言うところの「派手で、盛大で、未曾有な、古今東西の歴史に残るような葬式」とまでいかなくても、みんなで集まって故人をしのぶくらいしたいじゃないか。落語家の葬式って天寿を全うした人なら、笑いながらほろ酔い加減で送り出す。「あの師匠のお弔いはよかった」なんて話が出来ないのかと思うとさびしい。だからいま『片棒』を聴くと、「長男次男、もっと頑張れよ！」と思ってしまう。このご時世、落語の世界のお弔いくらい賑やかなのがいいなぁ。

（2022年7月15日号）

【終活】「人生の終わりのための活動」を略して「終活」。人生の最期を迎える前に、財産、家などを整理しておくこと。就職するための活動「就活」をもじった言葉。

第三章　五輪とスポーツのまくら

ランナー

東京五輪の著名人聖火ランナーの辞退が相次いでますが、私も辞退するつもり。頼まれてないけど。いいでしょ！　万一オファーされた時には「ちょっと勘弁」と意思表示するのは自由でさぁね。

私が辞退する理由。一つ目。皆さん、幼いころから親御さんに言われませんでしたか？「火で遊んじゃいけないよ！」と。ましてや火のついた棒を持って走り回るなんて「おねしょするよ！」と躾けられませんでしたか？　私は言われましたよ。『チャッカマン』持って聖火ランナーのマネしてたら卒倒するくらいめちゃくちゃ怒鳴りつけられましたよ。「ウチは紙と木で出来てんだっ!!（怒）お前の悪ふざけで一家6人路頭に迷うんだぞっ!!（大怒）その時はどうしてくれるっ！（激怒）口減らしにお前を売るぞっ！（鬼怒）」と。『口減らし』ってこの時覚えたよ。遊び半分で火を持って走っちゃいかんのです、はい。

その二。「単純に熱くないか、火?」。火は熱いですよね。風向きにより、顔を掠めるくらいになるのではないでしょうか？「聖火は安全ですよ（苦笑）」みたいなクソ正論は受けつけません。自分が「めっちゃ熱い」と思い込んでいるものを、顔の脇に掲げる状態の己の表情の硬さを想像するに、恥ずかしくて我慢ならんのです。何度も目を瞬かせることでしょう。シパシパしてる自分を沿道の観衆に見られるなんて……恥ず!!

三つ目。これはその二と通じるのですが「火を持って走ってるところを地元の知り合いに見られるのが辛抱ならん」。聖火リレーも無観客開催で……みたいな噂もありますが、自分の故郷を走る時、本当に「無観客」が徹底されると思いますか。田舎です。見ようと思えばどっからでも見えるでしょう。観覧規制する人も恐らく地元民のボランティア。「あー、ホントはダメだけどねぇ〜。川上くん（私の本名）が聖火ランナーなんてもう無いだろうから……こっちこっち！　ここからなら見てもいいよ、おばちゃんっ！」って実家の近所のおばちゃんを闇で誘導するに決まってます。幼い時からの私を知っているおばちゃんたちは「ほらっ！　頑張れっ！　トシくん（私の本名）」と43歳のオッサンをまるで幼子のように応援します。走ってる最中に「ほら、これでビッグワンガム買いなっ！」ってチリ紙に500円玉を包んで渡してくるでしょう。すると、地元のガラの悪い同級生が「マジで川上が走ってんぞ〜っ！　みんな〜っ！」と明かりに群がる蛾の如く集まってきます。「ピチピチだな〜、その衣装（大笑）」「30年前に貸した『ポートピア連続殺人事件』（ファミコンカセット）返してもらってねーぞっ！（激笑）」「タバコの火、つけてもらっていい〜？（鬼笑）」だのと

【ランナー】２０２１年に延期された東京五輪。国内の「コロナが流行しているのに」という空気のために、著名人が務めることの多い聖火「ランナー」を辞退する人が続出した。

囃し立てることでしょう。

　耐えられません。地元の建設会社社長の愛人がやってるスナックのテーブルキャンドルにこっそり火を分けに来るように、親を通じて頼まれたりするのは、耐えられません。だから、辞退。藤井二冠もたぶん同じような理由だと思う。「一歩すんなよ～（笑）」とか友達にヤジられるのは、藤井君も嫌だろう。


（2021年4月2日号）

開会式

　五輪の真裏、7月21日から30日まで上野鈴本演芸場昼の部でトリをとっている。私に言わせりゃあっちが裏なのだが、寄席の楽屋のテレビでは五輪とコロナのニュースばかり。それを観ながらヤイヤイ言うのが楽しい。

「ホントにやんのかねぇ？」「まだ決まってないらしいですよ」「マジか？」「えぇ、やるときは明日の朝6時30分に校庭で花火があがるらしいです」「運動会かよ（笑）」。中年芸人が話していると10代の前座が「へー、そうなんですか!?」と真顔。「……いやいや、学校の運動会の朝さ、開催するときは花火あがったろ？」「いえ。親のPTAのグループLINEでお知らせがきましたよ」「……もういいよ、向こう行け」

「最後の聖火ランナー、誰だろうね？」「長嶋さんって噂がありますよ」「いやー、無いだろ。お年だし。なぁ？（前座にむかって）」「ナガシマさんって誰ですか？」。絶句する中年2人。気を取り直して。「長野五輪のときは誰でしたっけ？」「ほら、あの人、ヤワラちゃん」「違うでしょ」「小谷実可子？」「違うなぁ」「女性？」「でしたよ」「Qちゃん？」「うーん」「山口香？」「遠ざかったような……」。横で前座がスマホで調べて「イトウミドリっていう人みたいですよ」「うるせえよ!! 正解なんてどーでもいーんだよっ!!（怒）なんで長嶋さん知らない奴から伊藤みどりを教わんなきゃなんねーんだよっ!!……あ、でも思い出した。確か卑弥呼みたいなカッコしてた！ そう言えばあの日、俺インフルエンザで布団の中でテレビ観てたんだった」。これは20歳の時の私の話。

「開会式のディレクターが解任されちゃって、どうなるんだろうね？」「穴が開いたなら、俺たち寄席芸人が5人も居れば3時間くらい平気で埋められるのにな。声かけてくれりゃ行くよ」「ねぇ。通訳付きで外国人にも分かりやすい落語やってさ、紙切りの師匠にスクリーン使って披露してもらえれば世界中ひっくり返るよね」「バッハさんが空気読まないで『ゲイシャ！』とか紙切りの注文してくるかもな（笑）」

そばに動物の鳴き声物真似の江戸家小猫さんがいたので「小猫さんもさ、ウグイスとかや

【開会式】2020年に開催されるはずだった東京五輪はコロナウイルス感染症の流行により2021年に延期になり、「開会式」をはじめ当初の開催規模が大きく縮小された。

ったら世界中の人が『オー！　ホーホケキョッ！』って驚くんじゃない？」と振ると、小猫さんはちょっと困った顔をした。

「……あの、それは難しいかもですね。いわゆる『ホーホケキョ』と鳴くウグイスって日本にしかいないんです。唯一、ハワイには日本から移殖したものが少しだけいるんですけど、あまり鳴き方が上手くない。やはり同種が少ないとそういうことになるんですね。ですから世界を意識するならウグイスよりテナガザルとかのほうが……」……真面目か。

明日23日の夜はたまたまスケジュールが空いてるのに、まだオファーはない。まぁ、身体検査されたらボロしか出ないので組織委員会も二の足を踏んでるのだろう。賢明です。

追記　開会式、最後まで観てしまった。バッハで寝落ち。女性のほうが話が長いなんて嘘じゃないか、森さん!!

（２０２１年8月13日号）

無観客

五輪もほとんどの競技が『無観客』で行われているであろう今日この頃。皆さん、いかがお過ごしですか？　これを書いてるのはまだ開幕前。感染者も増えて、バブル方式の囲い込みも穴だらけ。まさか急転直下で開催中止ってことはないでしょうが、これ以上傷口が広がらないよう大会の無事を祈りますか。

梅雨明け間近の平日の昼。稽古しながら上野は不忍池辺りを歩いているとカバンに入れていたスマホが震え出しました。落語協会事務所から寄席の代演依頼。池のほとりのベンチに腰を掛けて手帳を開き、NGを告げ電話を切ると、向かいの木陰にホームレスと思しきおじさんが座り込んでいました。年季の入った長髪と日焼けした顔色で正直若いのか、年寄りなのかも判断出来ないかんじです。

酔っ払ってるのか、暑さでへたってるのか虚ろな目でダラリとした様子。崩れた体育座りのまま、顔だけは空を見上げています。両手がやけに動いているので、目を凝らして見ると、長さ30センチくらいの2本の棒を持ってベンチを叩き続けている。

カタカタカタカタ、カタッタ、カタタン、タンタタ、タタンタ、カタカタカタン♪

音は微かに聴こえるくらいですが、棒の動きのリズム感、抜群。「ドラマー？（笑）」と思い、悟られないように少ーし近づいて横目でチラ見すると、2本の棒は間違いなくドラムスティックでした。「ドラマー！（驚）」と思いつつ、立ったまま一観客として凝視する雰囲気ではありません。何事も無いように、もと居たベンチに座り直し、耳をそばだてます。

高速のスティックさばきから、スローテンポのブルージーな曲調（ドラムのみだけど）に

【無観客】２０２１年に開催された東京五輪は、コロナウイルス感染症予防のために、結局「無観客」で開催された。

シフトしました。

ドラマーは頭を傾け、目を閉じたまま。行き交う人は見向きもしない。蓮の合間を縫うように泳ぐ鴨の羽音や、遠くの車のクラクションやエンジン音も聴こえます。しかし不忍池界隈の喧騒に時折挟まるわずかな静寂に被せていくように、ドラマーは地べたや木の根や幹を叩き続けます。聴いているのは私だけ。気づいているのは私だけ。

しばらくすると、空がかき曇り大粒の雨がポツポツ。ドラマーに目をやると、スティックをその場に置いて、庇のある建物のほうへ立ち上がり、雨宿りの様子。ザーッと降ってきた夕立はまるで万雷の拍手のようです。私も慌ててカバンから折り畳み傘を取り出しそれを開き、やれやれとドラマーのほうを見やるとその姿はもうありません。さっきまでドラマーが座ってたあとにはドラムスティックでも何でもない、ただの木の棒が2本転がっているだけでした。

再び陽射しがきつくなり、頭がくらくらして私もその場を立ち去り寄席の楽屋へ。テレビでニュースを観るとアナウンサーが梅雨明けを告げています。「明けましたね」「明けたね」「明けると思ってたけどさ」「明けるもんだねえ、梅雨」と世界で最も不用と思われる会話を交わしながら、今日も高座に上がります。観客の拍手に迎えられ、まだちょっと眩暈（めまい）が残りつつ頭を下げると、さっきのドラマーが客席の後ろのほうに見えた……ような気がしました。

（2021年8月6日号）

金メダル

なんだかんだでオリンピックを観ています。そもそも熱心にスポーツを見るほうじゃないので、野次馬的にあーだこーだ言いながら。ほどよく五輪との距離を保っています。

柔道の阿部兄妹。同じ日に揃って金メダル。日程もあるから偶然も重なっての快挙です。まず妹の決勝戦。見守る兄ちゃん。妹が金メダル取ったときのプレッシャーたるや。私が兄貴だったら応援しつつも「詩……銀……メダルくらいにしといてくれんかなぁ……」って、正直思ってしまうかもしれん。いや、思わないかな……一二三の立場になってみなきゃわからんな。でも思っちゃいそうだ。悪かったよ。小さいよ、俺は。

スケートボードの堀米選手。22歳でアメリカに豪邸を持ってるらしい、スゴイ。今、喫茶店でこれを書いてるのだが隣の席に座ったオバさん2人がずーっと「スケボーの子、豪邸」って言ってるから本当なんでしょう。「うちの息子にもやらせよう」って言ってる。近所の

【金メダル】2021年に開催された東京五輪。サーフィンやスケートボードなどの新種目で10代20代の選手が活躍しメダルを獲得。国民も一時コロナを忘れ興奮してテレビ観戦。

公園にニワカスケーターが増えそうだ。階段の手すりを滑ったり、素人がいきなりやると絶対ケガするぞ。近所の整形外科が繁盛したり、駅前のドラッグストアで湿布が売れたり、少なからず特需はありそうだけど、心配なのは公園の裏に住んでる高橋さん（仮）だ。公園の平和を守ることに命をかけているお爺さん。夜、遅くまでスケボーをのりまわす無軌道な若者に血圧が上がること必至。どうかお身体には気をつけてほしい。高橋さん（仮）になんかあったら堀米くんのせいだぞ。お詫びに高橋さん（仮）が会長を務める敬老会の余興にぜひ来てあげてほしい、堀米くん。

ソフトボール決勝を観ようとしたら、真裏の東京MXテレビで『空手バカ一代』を再放送してました。アメリカ人レスラー軍団と主人公・飛鳥拳がリング上で睨み合い。「かかってきやがれ、ジャップ！」だのハードなセリフが飛び交います。「次回『ジャップを殺せ！』にご期待ください」と予告があり、番組が終わりました。日米戦の裏で流すところがさすがMX。物騒な予告のおかげで気持ちアゲアゲで観戦できたよ。

いろんな事情（おのおの調べて）でロシアの選手が金メダルをとっても、表彰式でロシア国歌が流れない。代わりにチャイコフスキーの「ピアノ協奏曲第一番」が流れてました。チャイコフ師匠はロシア出身でしたか。もし他の国が国歌以外の曲を使用するなら……？　アメリカはハルク・ホーガンの入場曲「リアルアメリカン」だな。中国は「夜来香」。イギリスならビートルズ。フランスだったら「夢見るシャンソン人形」か「枯葉」でしょう。

日本だったらなんだろね？と家内と話し合う。妻「『川の流れのように』かな？」私「これ以上、秋元康にお金が入るの嫌だな」妻「サブちゃんの『まつり』は？」私「なんか違う……『上を向いて歩こう』は⁉」妻「それだっ！」ということで、あってはならんことですが日本がもしそういう事態に陥った時は『スキヤキソング』で表彰式。

ちなみに今回の金メダルのデザイン。どうも「パイナップル缶の底」に見えてしょうがない。いかがでしょう？

（２０２１年8月20－27日号）

ホームラン

生まれてこのかた、ホームランというものを打ったことが無い。

先日、大谷選手を観ていて「さぞ気持ち良かろうなぁ」とツイッターでそんなことを呟いたら「いえいえ、一之輔さんは寄席のホームラン王ですから（笑）」みたいなリプライが知らない人から来て、ちょっとイラッとした。なんやその、（笑）っ！　それにそんなおべんちゃらはいらんのや！（なぜか関西弁）少年野球をやっていたのにヒッ

【ホームラン】メジャーリーグで活躍中の大谷翔平選手が、２０２１年シーズン、打者としても活躍。ホームラン数で一時トップに。投手との二刀流にもかかわらずホームランを量産した。

トすら打ったことのない私。生まれながらにしてホームランは観る側の人間なのか……なんて原稿を書いていたら、スマホに私の所属する落語協会から会員宛ての一斉メールが届きました。

『ホームラン勘太郎先生が、令和3年9月18日（土）午前0時、お亡くなりになりました。（65歳）通夜・告別式は近親者のみで執り行われました。一般社団法人　落語協会』

「ホームラン勘太郎先生」という、なんともゴキゲンな名前の方の突然の訃報です。『ホームラン』先生は、ボケのたにし先生とツッコミの勘太郎先生のキャリア39年のベテラン漫才師（落語協会では落語以外の芸人さんには「先生」の敬称を付ける）。2006年に落語協会に入会してから、都内の落語を主とした定席にも出演されるようになりました。私が初めてお会いしたのはその頃。鈴本演芸場の楽屋だったかな。お二人とも「クセ」で煮染めたような風貌。小柄なたにし先生は人間離れした愛嬌溢れるルックスでなんかいつもクネクネしてる。勘太郎先生はガタイがデカく、色黒で、ガラガラ声で、ごま塩ハーフモヒカンにあごひげ。「北斗の拳」の悪役（戦闘員的な）がマオカラーのジャケットを来てお茶を飲んでいました。正直、ヤバいオジサンたちが入ってきちゃったなぁ……と思ったよ。おっかなビックリ挨拶するとお二人ともめちゃくちゃ腰が低く、特に勘太郎先生が笑うと目がなくなって八重歯が現れ、まぁそれでも怖い顔なんだが、たまらなく「おっかな可愛い」。

高座を袖から拝見。たにし先生が楽しげに歌ったり踊ったり……それを勘太郎先生が怒鳴り散らしながらツッコむというかんじ。筋とか流れとかフリとかあるんだろうけど、だんだんそんなものどうでもよくなってきて最終的に客席爆笑。次の日も、また次の日も。なんなんでしょう。すべってるの見たことない。すべるどころか、古寺の石庭に水を打ったように静まっている客席を、町中華の鉄鍋の如く激熱にひっくり返す。「ホームランがウケないんならもうどうしようもない」と言う芸人も。芸種は違うけど、袖から見ていてアレだけウケたら「さぞ気持ち良かろうなあ」と思うのです。もちろん色んな修羅場をくぐってきたからこその地肩の強さ。

叶うことなら木戸銭を払ってお客として、前に回って二人揃ったホームラン先生を観たかったたな。勘太郎先生の最後のツイートは「おーたにさーん！ 40号、9勝目！」からの「8でした早とちり。ごめんなさい」という『ホームラン』がらみのものでした。ほんと「早とちり」であって欲しいですよ。65なんて早過ぎです。ただただ、合掌。

（2021年10月15日号）

新監督

「日本ハムの新監督に新庄剛志氏」。新庄氏の監督就任で、来年の『サンデーモーニング』の張本さんがますます楽しみ。2022年もまだまだ

「喝」の乱れ打ち、期待してます。今年はいろいろあったからね、ハリさんも。「ビッグボス」とハリさんなら良い勝負になることうけあいでしょう。

落語家はみな頭のなかに『監督』を「雇って」います。この監督しだいで、日々の生活から高座の出来不出来が決まります。基本的に全て独りでやる仕事ですから、一生懸命やるもサボるも自分しだい。指示出すのも実行するのも、称賛されるのも罵倒されるのも自分。いわば脳内に監督兼GMが居て、己の身体がプレーヤー。

私も毎年新年に新監督を迎えます。我が球団（私）は常に1年契約。今年の監督（私）は昨年のコロナ禍の惨状を踏まえて、「現状維持」「安定した数字」「無理はしない」をスローガンに掲げてやってきました。来年は球団創立（芸歴）21年。ファイターズを見習って、ひとつ世間にどデカいインパクトを与える新監督（私）を招きたい……と言っても、落語に関しては正直これ以上手の施しようがないし、1年契約の監督にどうこうしようがないのです。その場その場でプレーヤー（私）が勝手に動く場合が多いので、毎年どの監督（私）も「お前ら（私）の好きにしろや」という感じ。とりあえず新監督（私）には選手たち（私）の生活面の厳しい管理をお願いしましょう。

こまめな身体のメンテナンスは厳しくしたい。体調管理、マッサージ、人間ドック、歯の検診、歯を磨く、舌苔の掃除、もっと言うとお風呂でちゃんと身体を洗う、耳かきをし過ぎない、爪を噛まない、オデキを引っ掻かない、家飲みもほどほどにして2日に1回の休肝日をつくる、妻の目を盗んで濃いめに割らない、「もう寝る寝る」と言いつつこっそりもう一杯飲まない、地方に仕事に行って魚卵や乾物ばかり土産に買わない、尿酸値を下げる薬に頼らない。「尿酸値を下げる薬は無限にお酒を飲んでいい魔法のクスリ！」とか言わない、二日酔いの翌日に苦し紛れにカツカレーを食べない、家族のいない昼食にペヤングソースやきそばの横にご飯をよそって食べない。

コロナ対策にも万全を期したい。マスク・手指消毒・検温の徹底。十分な睡眠時間の確保。電車内ではなるべく密を避けて行動。電車内での会話の自粛。電車内で落語の稽古をしていて、つい夢中になって声を出し周囲の人をギョッとさせない。電車内でスマホで週刊朝日の原稿を書いていて行き詰まり、よく分からないまとめサイトに飛んで時間を無駄にしない。電車内で目の前の座席に美人を見つけて、マスクをしていることをいいことにジロジロ見ない。「一瞬マスク外さないかなぁ」とか期待しない。たとえ外したとしてもそれ見てちょっとガッカリしない。

新監督（私）には以上のことを徹底して頂きたい。往年の広岡監督のごとく2022年は生活面の管理からです。落語？　落語は『優勝は目指さず』、例年通りの来るモノ拒まずで話しまくる『野武士落語』で一席一席。

（2021年11月26日号）

【新監督】日本ハムファイターズは、2022年のシーズンから監督に阪神、メジャーリーグ、日本ハムで活躍した新庄剛志氏が就任することを発表した。

北京

北京五輪、盛り上がってますね。もう雪や氷が溶けるんじゃないかってくらい！……なんて、歯の浮くようなことしか言えないくらい北京五輪に対して、薄目でぼんやり。完全に乗り遅れて、目ヤニで瞼が開かないです。すまん、ペキゴ（北京五輪）。

2月4日の開会式は名古屋駅前のビジネスホテルで缶ビールを飲みながら一人で鑑賞。中国だし、銅鑼がジャンジャン鳴ったり爆竹がはじけたり、そりゃあ大変なことになるんだろうなぁ、と。NHK総合でやってんだろう、とテレビをつけると、なんだかよくわからんバラエティー番組で大黒摩季さんが『熱くなれ』を熱唱されていました。カッコいい……。ペキゴのことはすっかり忘れ、大黒さんの指令通り私も熱くなってしまいました。90年代Jポップ最高。たしか1996年アトランタ五輪のNHKテーマソングだったんだよ。有森裕子選手の「自分で自分をほめたい」がその年の流行語大賞。聖火の最終ランナーがモハメド・アリだ。私は18歳、浪人真っ最中。ヤワラちゃんが北朝鮮の選手に負けたんだ。でも競輪の十文字選手との選手村でのロマンスが報じられたっけ。それにカレリンとカート・アングルがレスリングで金メダル。後にカレリンは前田日明の引退試合の相手、カートはWWEでスーパースターになるとは……。あぶね、懐かしプロレス動画を検索するとこだった。今はペキゴだよ、ペキゴ！

そうか、名古屋ってNHK総合が1chじゃないんだった。どこだ、どこだとNHKを探してるうちに、今度は金曜ロードショー『ゴーストバスターズ』にぶち当たってしまいました。昭和50年代生まれはリモコンを握る手に力が入ります。ビル・マーレイ、ダン・エイクロイド、シガニー・ウィーバー……そしてレイ・パーカー・ジュニアの主題歌。ファミコンソフトにもなったけど、あれほんとクソゲーだった。ファミコンの本体が品薄でなかなか手に入らなかった時、近所の玩具屋の親父に抱き合わせで売りつけられたのを思い出しました。『ゴーストバスターズ』は1984年の映画か……ってことはロサンゼルス五輪の年!?

じゃあ、冬季はサラエボ五輪か。サラエボはまるで記憶がないけど、ロス開会式で宇宙服みたいなの着た人が飛んでって、カール・ルイスが金メダルラッシュ、森末さんがガッツポーズ決めて、アンデルセンが千鳥足でゴールしたのは覚えている。38年前、オレ6歳。ハイパーオリンピックがファミコン化され、専用コントローラーのボタンを鉄製の定規ではじきまくると好タイムが出るんだった！　懐かしファミコン動画検索を踏みとどまり、ゴキゲン

【北京】　2022年2月、予定通りに開催された「北京」オリンピック。平野歩夢選手がスノーボードハーフパイプで金メダルを獲得するなど、日本でも一定の盛り上がりを見せた。

でビールからハイボールへ移行。そうだ、ペキゴだった！と思い出した頃には画面の中ではマシュマロマンが街をぶっ壊し始めて「開会式にマシュマロマンとは！　ペキゴ、斬新！」と感心してるうちに寝落ちしてました。

以上が私の今のところの北京五輪雑感。昨日ハーフパイプの平野選手が金メダル。ハーフパイプのくるんとした会場を見てると、焼けたホルモンに見えてきませんか？　きませんね、どうもすいません。

（2022年3月4日号）

15歳

「15歳」。北京五輪のフィギュアスケートのワリエワ選手の年齢からこのお題になったのだろうけど、ロシアのウクライナ侵攻で全て吹っ飛んだ。北京五輪なんてありましたな……というかんじ。ワリエワはいま何を思うのだろう。人生まだまだこれからよ。

中3の1月28日、15歳になると高校受験。中学生の頃は成績優秀だった。志望校の候補は二つ。私の住んでる野田から都心に向かう途中の柏の県立名門校。男女共学で制服が無く、私服登校の自由な校風。平たく言えば、学年で一番出来るヤツがいくキラキラした学校。仮にA高としとくか。

もう一つは、学力はAよりちょい下だが（当時）こちらも歴史ある学校。ただ川を一本越えた埼玉にある、しかも男子高だ。学ランでバンカラな校風らしい。こちらはBとしようか。いや、めんどくさ。私の母校、埼玉県立春日部高校です。とりあえずここではBとする。

進路指導の先生曰く、「まぁ、どちらでもいいほうを選べ。基本的に君の人生だ」。ずいぶんと投げっぱなしな指導だった。「合格率、Aは50%、Bなら55%かな」。微妙過ぎる。試験当日の天気の具合なんかで変わってきそうな数字だ。「Aは私服で面倒臭いな。Bは毎日詰め襟だから楽だな」。完全に先生の主観だが、私も同じ感覚。「Aは柏、Bは春日部、電車で座って通えるのは春日部。柏はチャラチャラしててなぁ、オレは街を歩いてると草臥（くたび）れる」。私もです、先生。柏でカツアゲされたことがあります、僕。「ま、難点を言えば、当然だがBは女子がいないことかな。むさ苦しいけど男ばかりで楽しいこともあるだろう。恋愛とかは、まぁ諦めろ（笑）。その辺は保証する。いや、そうとも限らないか……『女子』との恋愛は無いと思え」

高校での「出会い」なんてどうでもよいのだ。私にはその時点で好きな女子がいたのだから。受験が終わったら告白するつもりなのだから。高校は別になるかもしれないが、春から

【15歳】フィギュアスケート女子シングルで金メダル確実と言われていたワリエワ選手にドーピング違反疑惑が起きる。まだ「15歳」だったワリエワ選手に同情の声が上がった。

付き合い始める。夢のような放課後が待っているのだ。毎日ジャスコのフードコートでイチャイチャするのだ。

「埼玉県立高の入試は40点満点、5教科で200点満点だ」。決めた！　なんか、ラクそう！　そして私は見事合格。B、いや春日部高校に。そうとなれば、もうするべきことは一つ。あの子に告白だ!!

「学校も逆方向だし。お友達のままでいましょう」。春になり、私は清い身体で、冷暖房の無い、教室は土足上等の砂埃の吹き溜まる、辺境の地の高校へ通うことになった。

入学式。見渡す限り男、男、男。先生も男。保健の先生はかろうじて女性だったが、若いころの森昌子さんと同じ髪形のお婆さん。隣の席のヤツが話しかけてきた。「野田から来てるの？　まじか、蛇口から醤油出るんだろ？　野田って（笑）」。埼玉の奴らから見ると野田のほうが数段田舎だったようだ。「たまに出るかな（薄笑）」と応えておいた。

あの時、A高にしとけば今頃私は……外交官だったはず。その過程はおいといて、平和のために世界中を飛び回っていたはずだ。そのはずだ。でももう落語家だから、とりあえず近場から平和にしていこう、と思う。

（2022年3月18日号）

第四章 風物詩のまくら

3月

2001年3月、私は大学卒業間近。4年間、バイトと飲酒と寄席通いしかしていなかったのによく卒業できたな。たしかあの頃、英語と保健の再テストを寝坊して受け忘れ、先生から「もう君の卒業は無いからね」と告げられたものの、周りから止められるのも振り切ってマジ土下座。「やめなさいって！（汗）もういいからっ!! じゃあとりあえずレポートを提出しなさいっ!!」と追っ払われ、落語研究会の後輩の1年生にノートを写させてもらい、なんとか卒業までこぎつけたんだっけ。土下座で卒業できるなら安いもんだ。

卒業式当日までに、落研の4年生卒業公演が控えていた。毎年、4年生が一席ずつ披露するのだが、私の代は私一人だけ。「一人だしさー、二席やってもいいかな？」と聞けば、そらぁ後輩は文句は言わない。「どーぞどーぞ、川上さん（私）のお好きなようにやってくださいまし（棒）」

ネタは『ねずみ』と『不動坊火焔』。共に30分はある大ネタ。ひたすら稽古した。本職になってからもあんなに稽古したことはないんじゃないか？　いや、それじゃダメなんだが、卒業してからの進路も決まってないし、なんとなく落語家にはなりたいとは思っているものの、ふんぎりがつかない。その焦りを誤魔化すために稽古していたようなもんで、稽古してる間は将来への不安を忘れられたのだ。

当日の3月13日、打ち上げが終わってからの喪失感たるや。あと数日で、卒業＝モラトリアムの終了。とうとう追い詰められたかんじである。周りの連中はというと、「オレは留年」「オレはバイトから何とか潜り込むつもり」と誰もまともに就職するヤツがいない。でも来月からみんなやることはあるのだ。自分にはこのままだと何もないのだな。

仕方ないので、とりあえず酒を飲む。気づけば卒業式当日の早朝だった。大学の正門の前で友達と寝ていると守衛さんに「今日、卒業式だろ？　兄ちゃん大丈夫か？」と起こされた。フラフラとさまよいながら落研の部室へ。起きた頃には卒業式も終盤で、コッソリと潜り込み、謝恩会で周りに嫌な顔されながらまた飲んで、終了後余った酒樽をもらってきて部室でまた飲み直し。何やってんだか。バカなのか？　バカなのだな。

卒業式の数日後、親から電話があった。「新聞に出てたぞ」。言われた新聞を図書館で開くと、たまたま私の卒業公演を観に来た演芸プロデューサーが感想を書いてくれたようで「こんな人、落語界に欲しい」とある。その頃は人の褒め言葉なぞ絶対に信じないひねくれたバカだったので「何言ってやんだ。ちょっと褒めりゃ喜ぶと思ってやんな！」とか思ってた。だいたい学生落語をわざわざ聴きにくるなんて胡散臭いよ、なんてね。

でも、まぁ結局私は落語家になったのだけれども、もうじき20年目。その時の演芸プロデューサーは木村万里という変わったおばさんなんだが、なんだかんだで長い付き合いで、今月23日には万里さんプロデュースの独演会がなかのZERO小ホールで開催される。この会も早19回目。チケットは完売みたいで、万里さんいつもありがとう。あの時の記事もありがとう。本当は嬉しかったですよ。面と向かって言うのも照れるのでね。これからもよろしくです。

（2020年3月27日号）

鍋

子どものころ、我が家のすき焼きはブタだった。「黒豚」とか「もち豚」とかじゃない、1パックいくらの庶民的なブタ。いわばその辺の野ブタ（違うか）。美味しかった。満足だった。それで十分だった。

「どうやらすき焼きとは本来ウシ」と知ったのは漫画『美味しんぼ』を読んでから。12歳離れた姉の彼氏が12歳の私に『美味しんぼ』を全巻くれたのだ。なぜだ？　弟を『美味しんぼ』で取り込もうとしたのか？　チョイスがおかしくないか？　5巻「牛なべの味」で美食倶楽部主宰・海原雄山が「すき焼きとは牛肉を一番まずく食べる方法」と言っていた。待ってくれ、雄山。すき焼きってウシなのか？　こっちはずーっと泥まみれの野ブタを煮たもの（違う？）だと思ってたよ。ブタはウシの代用食材だったのか。それなのに私が食べたことのないウシのすき焼きを「一番まずく食べる方法」って!?　雁屋哲（原作者）に夢を砕かれた中1の私。

大学生になり食べ放題チェーンで初めてウシのすき焼きを食べた。1980円で食べ放題。舌がブタに慣れ切っていたのと、海原雄山（雁屋哲）の余計な戯言のせいで美味しく感じられず。以来、私のなかですき焼きはブタ。断固としてブタ。野ブタなのだ。

また『美味しんぼ』のはなし。3巻「土鍋の力」では30年以上も使い込んだすっぽんの土鍋を使って雑炊を作る主人公・山岡士郎。材料は水、醤油、米のみ。「土鍋にすっぽんの味が染み込んでそれだけでも美味い」らしい。貧乏くせぇ。しゃらくせぇ。ブタをぶち込め、しめたての野ブタを!! あの親子は何を言ってんだ!! ……でも『美味しんぼ』、大好きだ。

先日、仙台にて。「セリ鍋が美味しいんですよ、仙台は」と誘われた。「セリと何が入ってるの?」「セリのみじゃないと思いますけど」。当たり前だ。草だけってこたぁねぇだろ。「流行り始めたのはここ10年くらいみたいです」。この人もあまり詳しくないようだ。正直だな。秋田できりたんぽ鍋を食べた時もセリが入っていた。秋田では脇役。仙台では主役にまで躍り出たセリ。やりおるわい。

「お待たせしました、セリ鍋です」。ドーンッ!!

テーブルが草の山。THE・植物。驚いたのは根っこが山盛り。完全に根。「……これ食べられるんですか?」。失礼を承知で店員さんに聞くと、満面の笑みで「さっと火を通してお召し上がりください」。どこから来るんだ、その自信は? だって草じゃないか。

鴨肉を先に入れ、煮えたところでメインのセリ投入。葉の部分を言われた通りにしゃぶしゃぶして口へ。「モシャモシャ……」。うめぇ。根もいってみた。「モリモリ……」。なんだ、この根っこ。うめぇぞ。なんて香り高き草と根。あっという間になくなっちゃったので「草と根っこ、おかわり出来ますか?」「セリですね……」。失礼。うまかったです、草……いや、セリ。

ホントはブタぶち込んでもらいたかったけど、この冬一番美味しかった。『美味しんぼ』も連載休止中なので雄山や士郎が蘊蓄(うんちく)垂れることもないだろう。来年もこの時期に草、いやセリを食べたい。いいね、草……いや、セリ鍋!

(2021年1月1−8日号)

一年の計と言った。

昨年末の一門会のとき。師匠・春風亭一朝が「正月、どうする?」

べつに「年賀状の返事書いたら、鬼滅でも観に行く? 3回目だけど、まだ泣けるかな?」みたいに元日の予定を立てよう、というわけではない。噺家は元日の朝に師匠宅へ年始にうかがうのが決まり。我々にとって元日は、一年で一番大切な日といっても過言ではない。でも、このコロナ禍だ。集まるのは当然憚られる。

いかに呑気な噺家とはいえ、真冬の乾燥した時期に、朝っぱらから一門全員（15人）が師匠宅にわらわらと集まり、まず師匠に「今年もよろしくお願いいたします！」とご挨拶し、弟子だけでなくそれぞれの家族もやってきて、「でっかくなったなー！」とか「ちんちんに毛ぇ生えたか⁉」とかそれぞれの子どもたちをいじったりして、兄弟弟子同士で新たに染めたまっさらな手拭いを交換し、前座にはお年玉を渡し、子どもたちにもお年玉を渡したり、渡されたり、師匠の女将さんに「そのネイルの色、いいっすねー！」とヨイショして、まずはビールで乾杯し、師匠と「これは親御さんからお歳暮で頂いたビール、よろしく言っといてー」「はい！　じゃ遠慮なく頂きます！」「痛風に気をつけてな！」「クスリ飲んできたんで大丈夫です！」なんてやりとりをして、お造りやおせちをつまみ、女将さんと「一之輔が好きな柿の入ったなます、持ち帰り用に包んだから持って帰りなよー」「ありがとうございます－！」なんてやりとりをして、「お雑煮の餅は何個⁉」なんて台所から聞こえる女将さんの声に、「1個で……」と思いつつもそれじゃ愛嬌がないから「2個お願いしますっ‼」と応え、「日本酒もあるけど飲むかい？」なんて師匠に聞かれ、「頂きまーす」と元気に返し、出されたお雑煮には餅が三つ入ってて、「俺のじゃないんじゃねぇか？」と思いながらも、「まぁいいか。正月だしな」と餅を流し込み、駅伝が流れているテレビを観ながら、「この寒さのなか裸同然で風に吹かれて走るなんて正気の沙汰じゃないねー！」とかみんなで笑いながら、「じゃ、俺は行ってくるからゆっくりやってってって」と先に寄席に出かける師匠を「ごくろーさまでーす！」と見送って、子どもたちが飽きてくると「これでお菓子でも買ってきな！」と女将さんがお小遣いくれたりして、そのうちによその一門の師匠方もやってきてワーワー飲んでるうちに、「兄さん、そろそろ行かなくていーんですか？　上野鈴本13時上がりですよね？」とか後輩に言われて、「わー！　行ってきますっ！」と慌てて飛び出して、寒空のした酔いざましに歩きながら噺をさらってみたりして、「あぁ、今年もオレは落語家なんだなぁ」と思ったりする……そんな元日は難しいだろうと、暮れの一門会で師匠は言った。「しかたないですよね……」と弟子一同。やっぱり寂しい元日だった。早々に『一年の計』を立ててみる。「来年の正月は落語家らしい元日を過ごす。その日のために一日一日、自分に出来ることをごきげんにやる」。あ、あけましておめでとうございます。

（2021年1月15日号）

節分

今年の節分は2月2日だった。ん？　そうか、いつもは3日だったな。今年の節分が2日である細かい事情を調べてみたのだ。なんか、たまーにズレるらしい。んー、よくわからん。1日くらいのラグは43歳にもなると気にせんよ。2月なら問題なし。節分さんもどうか気に病むことなく、2月2〜4日だったら遠慮なく節を分けてもらいたい。

　でも実際鬼たちは驚いたろうな。「えーっ？　節分って3日だろ？　1日早いなんて聞いてないよーっ!?」てなもんだ。でも人間の遥か上をいくはずの鬼だから、そんなことは事前にリサーチ済みだったかもしれないけどね。「2日はあんまり出歩かないようにしましょう、ステイホーム」と鬼都知事が鬼都民に呼びかけただろう、鬼CMで。主に鬼MXTVで。

　ん？　でもよく考えたら、あいつら節分が2月3日ってわかってるはずなのに、なんで毎年その日に豆ぶつけられて逃げてくのだろう。毎年毎年、性懲りもなく。それならスケジュール帳に赤丸しとけばいいじゃないか。スマホのアラーム設定しとけばいいじゃないか。鬼政府も不要不急の鬼活動自粛を促して、テレ鬼ワークを鬼徹底、鬼国民に抜かりない鬼補償をすればいいじゃないか。

　そもそも鬼。豆で撃退されるってどういうことだ？　お前らは人並み外れて強いから『鬼』なんじゃないの？　『鬼滅の刃』見てみろよ。鬼って無茶苦茶強くて、首を落とされないと死なないんだよ。それなのに現実の（？）鬼たちは豆。「ヒイラギにイワシの頭を刺したやつが玄関に飾ってあるので中に入れませーん」ってどういうこと？　『鬼滅』はフィクションですからね～」とか言いそうだな、鬼。マンガと一緒にしないでとか言うなよな、鬼。地獄絵図のなかじゃ亡者を頭からガリガリ齧ってるくせに。それなのにイワシの頭はNGって可愛いにもほどがあるだろ、鬼。

われわれは今まで鬼を過大評価してたんじゃないか？

イヌとサルとキジを連れたたった一人の若者に制圧され、宝物まで奪われたうえに泣いて謝る鬼。3㌢の小人をのみ込んだと思いきや、腹の中から針で突かれて泣きだす鬼。人間と友達になる代わりに青鬼がいなくなり、真の友の大切さに気づき泣く赤鬼。来年のことを言われただけで涙を流して爆笑してしまう、笑いの沸点の異常に低い鬼。金棒を持たないとカチ込めないステゴロの弱い涙目の鬼。部活の合宿に行ってる間に、お気に入りの白Tシャツをジーンズと一緒に洗濯されて「染まっちゃったじゃんっ！（涙）」と泣いて怒る鬼。

本当はこんなに泣き虫なのに、普段の強面イメージのためにちょっと泣いただけで「いやぁ、あの鬼さんが涙してるよ……あの鬼さんっ！　ぜひオススメのコメントを頂きたいのですが！」と新作映画の試写会場で、映画配給会社の広報から声を掛けられる鬼。出したコメントは『全鬼が泣いた、オレの目に涙』。今年は全国の節分会が自粛になった。寄席の豆まきも中止。結果的にホッとしてるんだろう、鬼。来年はそうはいかないぜ、鬼。お互いに手指の消毒、マスク着用でな。待ってるよ、鬼。

（２０２１年２月19日号）

三寒四温

『三寒四温』。3日寒くて、4日暖かい。で、だんだん春になるらしい。3歩進んで、2歩下がり、人生はワンツーパンチで汗かきべそかき歩くらしい。あなたのつけた足跡にゃ綺麗な花が咲くらしい。ホントかいな？　こんとこ、まるでいいことないけどな。

立春ごろ。久しぶりに地方独演会。場所は熊本。本当は去年の3月のはずだったが1年延期での開催となった。

何年かぶりの熊本空港は改装中で殺風景な内装。「まるでアメリカの刑務所のようだなぁ」と呟いたら、同行の熊本出身・三遊亭ふう丈君が「ホントですねぇ」と相づちを打つ。「行ったことあるのかよ、アメリカの刑務所？」「いや、まだないですねぇ。師匠は？」とふう丈。「まぁ、オレも行ったことないけどね……」。ボンヤリな会話をしつつタクシーに乗る。

会場に着いたが、このご時世お客さんの入りも芳しくないようだ。「ふう丈、ご両親来るの？」「いやー、今回は……。私も実家には帰れずですねぇ」「寂しいなぁ」「ほんとですねぇ」

ふう丈が高座に上がって悪戦苦闘。新作落語『絹子ちゃん』。降りてきて「変な空気にしてしまいました！　すいませんっ！」。謝るな。「まかせとけ」。私も自分の独演会だから大丈夫だろうと思っていたが、なかなかしぶといお客さんじゃないか。2時間奮闘し、「オレもすまんかった！」と汗をかきかき高座袖。

昼夜公演のあいまに「熊本城へ行きませんか？」と三味線漫談の林家あずみちゃん。3人でテクテク熊本城へ。「さみい」「さみいですね」「さむいです」「この道やったとですが、おかしか」地元のクセに熊本城への道を間違え方言の出るふう丈。

なんとか到着。温かいものでも飲もうかと思ったが売店が休業中。唯一コロッケ屋さんが開いてたが、コロッケは残り二つ。ジャンケンで負けたうえに先輩なのでおごらされた。コロッケを頬張る2人を引き連れ天守閣に向かうと「緊急事態宣言のため閉門致します」……どうにも熊本に着いてからいいことがない。

諦めかけて歩き始めると、宇土櫓という建物の前に出た。「おー!」。3人で歓声。「ここは踏ん張って壊れなかったんですよね」と案内係のおじさんが話し掛けてきた。なるほど。3人で記念撮影。加藤神社に行き、巫女さんから節分豆を「たくさんどうぞ」と頂いた。豆をつまみながら夜の部へ。今度は陽気なお客さん。ありがとうございます。打ち上げも出来ないので、ホテルの部屋でふう丈の恩人・馬肉料理『上妻亭』さんから御差し入れ頂いた米焼酎をひっかけていい気持ちで就寝。

朝、空港へ向かいながら『誉の陣太鼓』ってお菓子、お好きですか?」とふう丈。餡子のなかに求肥の入った太鼓型のお菓子だ。「ふつうかな」「空港に『陣太鼓ソフト』ってのがあってこれがバツグンにうまかです!」。『陣太鼓ソフト』、めちゃくちゃ美味い。おかわりしようとしたら「おなか冷えますよ!」。2人から止められた。これから熊本来たら必ず食べよう。

ちっちゃないいことが後半立て続けにあった熊本の旅。東京に帰ったらまた「三寒」かな。そのうち春になるなら仕方ない。また行くよ、熊本。

（2021年2月26日号）

Tシャツ

おじさんになり、Tシャツ一枚でおもてに出ることが少なくなりました。布一枚ってのはなんか気恥ずかしい。それに私は標準より乳首の標高が高いのです。「チョコベビー©明治」を縦にしたような、ツンとすましたお乳首様が鎮座ましまして、Tシャツ一枚ではこの乳頭が目立つのです。時折、街なかのショーウィンドウに映る己のTシャツ姿が目に入り頬を赤らめたりしています。恥ずかしくて、チョコベビーが「ピッカラ©ブルボン」になっちゃう。

でもTシャツというものはなんでこうドンドン溜まっていくのでしょう。まめに処分していかないいと。いい機会なので収納内のTシャツをチェックしてみました。

沖縄土産の定番「海人（うみんちゅ）」Tシャツが2枚。着たことない。皆さんもきっと1枚は持ってるでしょう。この世にはきっとこっそり「海人」Tシャツをタンスに忍び込ませる妖精がいるのでしょう。

猫の写真がプリントされてるヤツは「うちの子、可愛いでしょ。寝間着にこれあげる」と、知らないオバさんにどこかでもらったTシャツ。断れずにもらったけど一回も着てない。もうホント要らない。寝間着でも嫌。だってそれほど猫が可愛くないしだな。誰なんだ、あのオバさん。

プロレス関係も多いです。わざわざ自分が楽しむためにTシャツを作り「よかったら着てください！」とプレゼントしてくる変わり者ファンがいます。いつもありがとうございます。キラー・カーン（米時代）、タイガー・ジェット・シンのTシャツが一番お気に入り。胸の似顔絵の上にシンのニックネーム「saber tiger（サーベルタイガー）」と書かれていて、背中には相方の上田馬之助の顔写真がプリントされている。電車のなかで知らないおじさんから「いいご趣味ですね!!」と握手を求められたこともあります。背後の小学生が「オバさんの顔」と指をさしてきたり。オバさんじゃないよ、おじさん！　金狼！　まだら狼！

トライデント・シュガーレスガムっ！　こう見えてめちゃくちゃいい人なんだぞ。

これもお客さんから頂いたのだが、カタールの衛星テレビ局「アルジャジーラ」のロゴが入ったTシャツ。デザインが気に入ってるのでたまに着ます。最近、中東情勢が緊迫してきたので、着てると電車内でアラブ系の人に見られているような気がします。現に親指立てて「グッ！」とポーズを決めて高田馬場で降りてった外国人がいたな。局の関係者と思われたのでしょうか？　それとも私の乳首がお気に召したのでしょうか？

一番多いのは、自分の独演会の全国ツアーノベルティーTシャツが7、8枚。見本としてもらうけどあまり着ることはないです。胸に「Ｉｃｈｉｎｏｓｕｋｅ」。「どんだけ自分好きだよ」と思うわな。毎年新規に作りますが、3年目のデザインはたまたま某シンボルマークと似てしまい、ファンの方から「一之輔さんはフリーメイソンなんですか?」と恐る恐る聞かれ、とりあえず「そうですよ」と応えておきました。6月から始まるツアーも無事開催できるとよいのですが。Ｔシャツも制作中です。お楽しみに!!

（２０２１年6月4日号）

傘

コロナ禍前、小池都知事が五輪会見でやたら推してたあの「被り笠」。その後、どうなったのだろう。ベトナムのお百姓さんが被ってそうな、あの笠。今はそれどころじゃないかんじですが、ちゃんと製作されて関係者に配られるのでしょうか。せっかくサンプルまで作ったのだから無駄にしないで頂きたい。あの頃はまだほのぼのしてて良かった。それにしても、いかに人類が進歩したとはいえ「傘（笠）」に関しては、「両手を空けるために頭に被る」くらいの工夫が我々には限界なようです。もっと頑張れ、人類。

傘を持つのが億劫になったのはいつ頃からなんでしょう。いま、傘、ホントめんどくせえ。

昔は雨降りで親から「傘、持っていきなさい」なんて言われると心弾んだもん。いま、傘、出来ればさしたくねぇです。

子どもの頃は傘をさしたらクルクル回したでしょう？　雫を周囲に飛び散らしながら、長靴で水たまりにジャブジャブ入っていったでしょう？　友達にやられたらやり返して、笑いながら駆けだしたもんでしょう？　雨がやんだら、わざわざ水たまりに傘を浸してクルクルクルクル。乾いた塀に泥水を飛ばして絵を描いたり。知らない大人に撒き散らして怒られたり。傘はクルクル回すものでした。

それに飽きたら傘を手のひらに立てて、何秒間バランスをとれるか競争してね。「よっ！　はっ！」とか言いながら。今も寄席に行くと曲芸のオジサンが傘回したり、頭に立てたりしてますが、お仕事とはいえ楽しそうです。

閉じた傘も子どもには十分に遊べます。地べたに絵や字を描くのも傘の先っちょ。チャンバラの真似事するのも傘。調子に乗ってガンガンやってたら傘の骨が折れて大目玉食らったっけ。マシンガンを抱える心持ちで「ダダダダダダーッ！」と右から左へぶっ放すと、端から「ウワーッ！」と撃たれた態で倒れていくお調子者たち。傘一本あれば色んな武器に早変わり。平和でいいやね。

石ころめっけてきて、傘を逆さに持てば立派なゴルフクラブですよ。通学路がゴルフコース。片道30分、全長2キロ。田舎だから良かったものの、今思えば危ないやな。ブルンブルン振り回してた後ろ髪の長いY君の仇名はもちろん「ジャンボ」。

手持ち無沙汰にまかせて、余所んちの塀や公園のフェンスを傘でガラガラガラガラ引っ掻きながら歩くのも、かなりの迷惑行為ですが子どもには楽しいものでした。「クソガキ、うるせー」って公園に寝泊まりしてるオジサンに怒鳴られて、みんなで走って逃げた後、「どこ行こうかねぇ」と思案しながら、傘の倒れた方向にひたすら歩いていくと、汚い池に突き当たりました。そこにカエルの卵がトグロを巻いていて、バカな一人が「傘に水張って持って帰ろう」って言いだして、タプタプさせつつ恐る恐るみんなで持って帰った大量のカエルの卵。あれ、どうなったんだっけ？

傘一本であんなに楽しめたのに、今、傘とは微妙な関係。今度、雨が降ったら人が見てないところでクルクル回してみようかしら。片手がふさがってもイラつかないくらいの余裕で生きていきたいね。

（2021年7月2日号）

天気

昔、夏休みの宿題で「一日一行日記」なるものがあった。つい怠けてしまい、夏休み最後の日にまとめて書く羽目になること度々。

今思えば、そんなものテキトーに書いときゃいい。「友達と遊んだ」でも「一日中、寝ていた」でも、毎日「お母さんのカレーが美味しかった」でもかまわない。むしろでっちあげでいい加減な内容のほうが読み手も面白いだろう。「今朝、トナカイのようなツノが背中から生えてきて驚いた」「昨日、生えたはずのツノがタンスにぶつかって折れてしまった。残念だ」……辻褄を合わせれば、嘘だか本当だか先生には調べようがないのだ。事実を書いても先生だって読んでて退屈だろう。大人になるとそれがわかるようになるが、子どもの頃は兎角素直。8月31日に一日一日捻り出すように思い出して書いていた。

あの一行日記には天気欄が必ずある。なんのため？　夏休みなんて晴れ、時折にわか雨、まとまって台風、くらいのものだ。あれこそテキトーに書いとけば良さそうなものの、やはり私は真面目な良い子なので正確を期したい(「良い子」なら毎日ちゃんとやればいいのだが)。

ネットがない時代。ひと月半分の古新聞を引っ張り出してきて天気予報を丸写ししていると、傍らで姉が言った。「実際の天気は違うんじゃない?」。ごもっとも。そこで私はクラスでも一番のカタブツで「役人」という仇名のM君に天気欄を写させてもらうことにした。

初めは難色を示していたM君も「クロマティ・原・吉村の3枚でどうか?」とプロ野球カードをチラつかせると自分の一行日記（コピー）を貸してくれた。ただ日付と天気の欄は見えるのだが、その日あったこと欄は黒く塗り潰してある。「プライバシーですので」とさすが「役人」の面目躍如。

端から天気を書き写す。役人（M君）は「晴れのち曇り」「曇りときどき小雨」「一日晴朗なり」など細かい字で狭いマスにギチギチに書き込んでいる。そのまま写すと先生にバレるので、「晴れ」「曇り」と訳して書いてみた。すると新聞の週間天気予報とだいたい同じになってしまった。なんじゃそら。プロ野球カード、返してほしいよ。

夏休み明け、一行日記を先生に提出し、認め印を押され、それが教室の壁に貼り出される。他人の日記を見るのはなかなか楽しいものだ。「海へ行った」「お祭りが楽しかった」などありきたりなモノが並ぶなか、役人（M君）が貸してくれた黒塗りコピーの原本もあるではないか。

7／31「蝉時雨　焼そば香る　晦日かな」

8／15「白球に　反戦誓い　盆参り」

8／20「広き背の　祖父、我がために　蚊やり焚き」

など、さほど上手くもなく子どもらしくもない五七五で統一された句集のような一行日記。そういえば役人（M君）には定年したばかりのお爺さんがいた。過分にそのお爺さんの影がチラつくが、達筆でギッシリ書き込んである役人（M君）の一行日記の評価はサンカクだった。

M君は今、本当に役人になっているそうだ。

（2021年7月16日号）

10月

秋ですなぁ。全国のお客さんから秋の味覚が送られてきます。最近はシャインマスカットなんて種無しで皮まで食べられるから、ちょっと種があるだけで「めんどくさ」なんて思っちゃう……人間というものは贅沢なもの。ただ今、栗ご飯を作るべく大量の栗の皮を剥いております。渋皮まで剥き残しが無いよう丁寧に丁寧に、物思いに耽りながら。

そう、本日、10月1日は「古今亭志ん朝師匠の御命日」。20年前。2001年のこの日、63歳の若さでお亡くなりになりました。私はその年の5月1日に春風亭一朝に入門。「落語家になる前に生の落語の聴き納めだ」とばかりに、4月上席池袋演芸場夜の部に通いました。志ん朝師匠がトリ、昼は真打ちになったばかりの柳家喬太郎師匠です。勿論、初日から昼夜で居続け……のつもりが、普段は昼夜入れ替えの無い池袋演芸場が3日目から入れ替え有りにしやがって……。日を追うごとにお客が増えていき、千穐楽はドアを開け放し、ロビーまで人が溢れてました。志ん朝師匠のネタは十八番「火焔太鼓」。この一席が私が素人として聴いた最後の落語でした。

その後、体調がすぐれないという噂は聞いてました。ですからお会いする機会もなかなか無いまま……8月中席浅草演芸ホール昼の部、毎年恒例『住吉踊り』、志ん朝師匠はこの興行の座長です。私は夜の部の新米前座でした。初日、早めに楽屋入りして夜の支度をしていると志ん朝師匠がお入りになりました。「わー、志ん朝師匠……」。本来、初めてお会いする師匠には先輩前座にお願いしてご紹介して頂くのが楽屋のルールなのですが、師匠はかなりお辛いようでそんなことを頼める雰囲気ではありません。そんな楽屋での様子を高座では微塵も感じさせず10日間つとめられ、季節は秋に。

10月1日、新宿末廣亭昼の部初日。2階の楽屋で働いていると先代の柳家さん助師匠が「志ん朝さん、亡くなっちゃったなぁ」と呟きました。「さん助師匠がなんか言ってますよ、兄さん」「あの歳だからなぁ、ボケちゃったんじゃないか?」なんて前座同士で話してたんですが、どうやら事実のようでした。誰かが亡くなっても芸人というのは心で悲しんで、表向きは軽口を叩いたりするものなのです。あの年の10月1日、いや、それからしばらくのあいだ、あんなにまで重苦しい空気の寄席の楽屋は覚えがありません。全ての芸人に、お客様に、愛され慕われた師匠でした。名人が亡くなると「落語の灯が消えた」などと安易に言う人がいますが、あの時は本当に『消える』かと思いました。

あれから20年経ち、今日の東京の天気は台風で大荒れ。そんな日でも寄席はそこそこの入りで、よく笑うお客様。楽屋で芸人は「今日は志ん朝師匠の命日だね」と……殊更話すことはなく、でもその日のネタ帳を捲ると志ん朝師匠が得意にしてたネタが並んでたりします。

それぞれが心のうちで偲んでるのでしょう。

そんなことを考えながら、なかなか栗剥きがはかどらず、小一時間でようやく二十数個。丁寧に綺麗に剥いた栗で炊いた栗ご飯は美味かった。そんな芸をせねばなぁ、と10月1日に思うのです。

（2021年10月22日号）

行楽

私の生まれは千葉県野田市。千葉北西部の突端。千葉県公式キャラ「チーバくん」の鼻の頭。野原の「野」に、田んぼの「田」。字面からして都会であることを完全に放棄した街である。行楽シーズン、とはいえコロナ禍。第6波の恐れもあり、ちょっと観光に及び腰になっている皆さんに、東京からほどほどに近く、鄙びた空気もまだ残る我が故郷・野田を推してみたい。

まず野田と言えば、勿論『醬油』なのだ。江戸時代から醬油作りで栄えたソイソース・シティ。東武アーバンパークライン（野田線）野田市駅に降り立ってみよう。ただ今絶賛、高架化進行中。なかなか出来上がらない『東葛飾のサグラダファミリア』こと野田市駅のホームから周囲を見渡すと、右には醬油工場、左にも醬油工場。作業着を着ていない自分が恥ずかしくなるような光景。そして漂ってくる醤油の香り。野田市民は正直その匂いに慣れ過ぎてピンと来ないのだが、初めて訪れる人に言わせると電車の扉が開いた瞬間、「通り魔に突然あたまから醤油をぶっかけられた」ような衝撃らしい。「鼻をヒクヒクさせるだけで刺身が食えそうな」フレグランスなんだって。野田はまず空気を味わおう。

駅を降りた皆さんはどこに行くべきか迷うだろう。駅近のキッコーマン「もの知りしょうゆ館」（※現在休館中）もいいが、まずはイオンノア店（旧ジャスコ）を目指そう。地元の年寄りは未だに「ジャスコ」と呼ぶイオン。「ノア」とは野田市駅と愛宕駅の間にあるから、頭文字をとって「ノア店」。ノアにはなんでもあるのです。だって方舟だもの。先日はこのコロナ禍でドライブインシアターがまさかの復活。隣接する「もりのゆうえんち」には開業当時北関東一の高さを誇った観覧車。最高地点から見下ろすだだっ広い関東平野。おできのような筑波山。冬場は火を放つとドンドン燃え広がるだろうなぁ……と思わせる真っ平らな乾燥地帯。ひと時の天下人気分はいかがでしょう。

子供連れなら清水公園のフィールドアスレチックがおすすめ。特に水上コース。必ず着替え持参で行きましょう。舐めてかかると大人もズブ濡れ。真夏にヤケ糞気味で飛び込む人もいれば、冬に頭から落ちて凍死寸前みたいな人も。水は濁っている（飲まなければ安全）ので貴重品は落とさないように。コロナで閉鎖されてた水上コースも10月9日から再開された。要予約。

野田にはお城もあるのです。関宿城。「いや、野田じゃねぇじゃん」と思うなかれ。関宿町は平成の大合併で野田が吸収したのです。「そんな町、最初から知らん」という方。野田（本当は関宿）には「鈴木貫太郎記念館」があるのだよ。太平洋戦争を終戦に導いた、映画「日本のいちばん長い日」で笠智衆演じる鈴木貫太郎元首相は何を隠そう野田（本当は関宿）の人なのです。その他、伝説の棋士「関根名人記念館」も野田（本当は関宿）にあります。ちなみにワハハ本舗の冷蔵庫マンも野田出身です。

以上、ふるさと大使でもなんでもない一之輔が勝手にオススメする野田（半分は関宿）スポット。来てね〜、ひえひえ〜（冷蔵庫マンギャグ）。

（2021年11月5日号）

年賀状

年賀状……私は毎年知り合いのデザイナーさんにイラストを描いて頂き、そこに自筆で宛名と一言二言書き添えて年明けに投函しています。

今年はとりあえず150枚。去年までは200枚。数年前から、年賀状は「来たら返す」方式に変えたところ、案の定「来る」枚数がめっきり減りました。

来て欲しくないわけではないのです。年賀状を頂くとたしかに嬉しい。でも返事はちょっと……いや、かなり億劫。もう年賀状のやりとりはやめちまおうか、とも思うのですが、急にシャットアウトするのも気が引ける。何度も言いますが、貰えりゃ嬉しい。

家族写真や凝ったデザイン、送り主の近況に少しでも触れてる『前向き』な年賀状は返事のしがいがあるのです。私がモヤモヤするのは、簡単な挨拶と企業名、代表取締役○○と必要最低限のことのみ印刷された企業からの『ビジネス年賀状』。あれって、会社内の、どの部署の、どのくらいの位置の人が作成してるんでしょう？　その会社のＣＥＯが「プリントゴッコ」でガッチャンガッチャン刷ってるなら貰いがいもあるのです。豊田さんとか、孫さんとかがインクまみれになって何万枚もイモ版押してるなら欲しいけどね。……要りますかね、あれ。国会議員は文書費が税金から出るから羨ましい。こちとら自腹の個人営業。誠に申し訳ないですが『ビジ年賀』にはちょっと前から返事はしないことにしました。あ、週刊朝日編集部からも毎年頂きますが、こちらは担当者からの自筆メッセージが加わってるので返信しています。

元旦は私あてに届いた年賀状と、返信用の年賀状と、筆記用具を持参して外出。早朝、師匠の家に挨拶。午前中からホテルで一席。寄席を3カ所掛け持ち……の合間に、空いてる喫茶店でシコシコと年賀状の返事書きをするのが毎年のルーティンです。

コロナ禍以前は正月の上野浅草近辺の喫茶店はどこもバカ混みで、座れるところを探すのも一苦労でした。銀座線稲荷町側の某所を見つけてからは、元日から10日まで空き時間はほぼそこに籠もっています。

土地柄、時折「一之輔だ！」と気づいたお客さんから声をかけられます。3年前、70くらいのオジさんが話しかけてきました。

「大変ですね、年賀状！（嬉）」「……はい（書きながら）」「去年もここでお見かけしましたよ！　落語家さんは律儀だなぁ！（嬉）」「……はい（鬼の形相でペンを握り）」「何枚くらいお書きになるんです？」「……えっっ⁉（目を血走らせて）」「……何枚くらい、書くの？」「……（ヤケ気味に）万単位ですね‼」「……失礼しました」。しばらくして、オジさんは「差し入れです」とコーヒーを持ってきてくれました。

我に返った私は恐縮し、その場でオジさんに年賀状をしたためお渡ししました。オジさん、あの時は嘘ついてごめん。コーヒーありがとう。

正月に上野浅草辺りで紋付き袴姿の坊主頭のおじさんが、うつろな目で年賀状書いていたらまさしくそれは私です。出来ればそっとしておいてあげてください。

（２０２２年１月７－14日号）

寒波

1月6日。『寒波』がやってきた。「来る来る」とは聞いていたが、朝起きた時点で「あ、来たな」と。長年男をやっていると局部の縮こまり方でわかる。そしてトイレで用を足した後の湯気の立ち具合でその日の寒さがわかるのだ。やはりヤツが来た。

そういう日に限ってあちたりこちたりで忙しい。寄席と落語会、合わせて5件の掛け持ち。おまけに5件目は代演だ。4→5がかなりタイトなので駆け上がりで高座に上がれるように着物で出掛けようかとも思ったが、昼から雪の予報。雪の状況により途中から着物移動も出来るように、着物用のコートと下駄も持参しとりあえず洋服で出かける。

午前10時に家を出ると、うっすら粉雪。トレンドワードに「レミオロメン」が上がったとあとで知る。みんな考えることは一緒。椎名町の長崎神社にお詣りし、近くの立ち食いそば「南天」で肉そばを食す。庇の無い所で左手にドンブリを持ち、そばを啜る。熱々の豚肉にバンバン雪が降りかかり、いつもより5割増しで美味く感じる。

御徒町駅の改札を出ると本降りだ。キャリーバッグを引き、上野鈴本演芸場へ。13時上がり。13時45分に国立演芸場へ。雪なら大丈夫だと傘を持たずに家を出た。とんでもない。「傘ないんですか！」と国立の職員さんが憐れんで傘を貸してくださった。「イヤだなぁ、雪」と前座の金原亭杏寿さんに同意を求めると「私は沖縄出身なんで嬉しくて！」と目を輝かせる。「上京して初めての雪の日。近所の公園でベンチに座って雪を浴びながら唐揚げ弁当を食べたんです！」と意味不明な思い出話を聞かせてくれた。「早くお外に駆け出したい！」。キミは犬か？

浅草演芸ホールへ。積雪5センチ。客席は雪宿りのお客さんでいっぱい。「もう帰れません」と泣きそうな人も。5分の小噺をして、下丸子へ移動。大田区民プラザで新春寄席。18時45分着。楽屋に入ると柳家喬太郎師匠が「ゴメン！」と近づいてきた。？？？。「この後、上野鈴本で代演でしょ？」「はい。20時10分上がりです」「オレの代演なんだよ！ゴメン！」「え？ここ（下丸子）の出番、私は師匠の後ですよね？鈴本、間に合わないかと」「じゃあ、オレの前に上がって、それなら間に合う！」……ん、どういうことだ？オレはこの人の代演に行くために、今、この人より先に高座に上がろうとしているのか……。

急いで降りて「じゃ、お願い！」と喬太郎師匠の声を受け上野へ。雪はまだ降っている。19時45分。再び上野鈴本楽屋入り。今年まだ会っていなかった師匠・一朝に新年の挨拶。今年も一門の新年会が出来なかった。オミクロンめ。

今日、五席目の高座。お客さんは陽気でよく笑う。大雪や台風など荒れた天気の客席は、一体感があって盛り上がるのだ。「よくこんな日に来ますね（笑）」と言うと、皆「あたぼうよ、こんな日だからこそ来るんだ！」というような満面の笑み。昼のお客さんはちょっと後悔が滲んでたが、夜は開き直りの様子。

気持ちよく喋って外に出ると雪は止んでいたが、10センチも積もったか。雪の正月もなかなかいいんじゃないですか。

（2022年1月28日号）

花粉

『楳図かずお大美術展』を観に行った。気合を入れて臨んだらグッタリ。素晴らしい。楳図かずお作『洗礼』を久しぶりに読んでみる。我が子の頭を開いて、そこに自分の脳みそを入れて「若返る」お母さん。ふたたびグッタリ（いい意味で）。

『花粉』の季節、「ヴァー!!　もー！　目ん玉取り出して水洗いしたいっ!!」なんて悶えている人がいる。そら、さっぱりするだろう。実際、たこ焼きをひっくり返すがごとく「クリン」と目ん玉が取り出せるわけがないのだが、落語には『犬の目』という洗礼チックなマッドサイエンティスト噺がある。「目の悪い患者の目玉をくりぬいて薬液に漬けておくと、犬に食べられてしまう。しかたないので代わりにその犬の目玉を抜いて患者に入れる。すると以前よりもよく見えるようになったのだが、『電柱見るとオシッコするようになっちゃった！』」という噺。なんじゃそら。面白い人がやると面白いけど、つまんない人がやると「なんじゃそら!?」そんな噺。『洗礼』とは真逆のベクトルですが、矢印の長さは同じくらい。

正月の疲れがまだとれません。嗚呼、身体の部位をバールのようなもので「バゴーンッ」と取り出して、他人に頼らず己の手で直接ケアしてみたい。歯、全部引っこ抜いて一本に5分かけて丁寧に磨き、漂白剤に漬ける。綺麗になるよ、自分でやれば。舌をポンッと抜いて舌苔を取る。サボテンを育てるように「いつもありがとう」と声を掛けながらやれば舌も生き生きしてくるはず。耳を器官ごとごっそり取り出し、丁寧に耳かき。長いピンセット使えばあり得ないような耳垢が出てくるはず。鼻の角栓も鏡なんか使わずに一つひとつ。頭皮をベリベリッと剥がしてたまには天日干ししなくては。いつもお日様に晒されてるって？　大きなお世話。ひなたで水に漬けておけば豆苗みたいに毛が生えてくるかもしれん。脳みその皺の間の汚れはマッィ棒でとり、頭蓋骨の内側の垢は中オチのようにスプーンでこそげ落とす。肩凝りが酷いから肩甲骨付近を取り外して、肉の筋を切るようにミートハンマーで叩きまくる。おなかが出るとヘソが見え難くなるから、ルーペを覗いて綿棒でゴマ取り。思い切って背中の皮を剥がし、隈なく背中を流す。背中、ちゃんと見たことないから「こんな長い毛がこんな所に一本だけ!?」とかありそうで楽しみだ。恥ずかしいけど下腹部も念入りに。内臓、骨、血管、皮膚はそれぞれネットに入れて、おしゃれ着用の洗剤でソフト洗い。陰干ししとけばこの時期なら半日もあれば乾くだろう。皮膚、乾燥機かけちゃったら後で縮んでえらいことになるから要注意。

各部メンテナンスが終わったら組み立てましょう。取説を保管してなかったので勘でやるしかないけど、自分の身体だし何とかなるかな。ただこの作業は誰も居ないときに独りでやったほうがいい。「休日だし家族みんなで！」なんてやると、パーツがごちゃごちゃになってえらいことに……あれ、『花粉』どこいった？　そう、そんなこと考えてるうちに花粉シーズンも過ぎてくのでしょうなぁ。

（2022年3月11日号）

春休み

ラジオ番組をやっていると季節によってリスナーから募るメッセージテーマが偏ってしまうことが、ままある。この時期は「卒業」「入学」「お花見」「新生活」などなど。どの番組も似たり寄ったりのテーマでお送りしているが、ラジオは生活に寄り添ったものだからそれでいいのだ。急に「今日のテーマは『はじめてのレジオネラ菌』！」とか『東金やっさまつり』についてメール待ってます！」とか言われてもみんな困っちゃうもの。

お題がオーソドックスでも内容が「閲覧注意」な場合がある。先日『卒業』というテーマでこんなのがあった。50代男性からのメール。［高3の秋。憧れの真知子さん（仮）に告白しました。「今は受験だからごめんなさい！」とふられて、そのまま卒業式を迎えました。

式のあと、真知子さんが私のそばに来て「あなたの第2ボタン、もらえませんか?」。「もちろん!」とボタンを渡すと真知子さんは嬉しそうに友達のほうへ走っていきました。「フラれたと思ったけど、あれは『受験だからちょっと待っててね♡』ということだったのか!? これから真知子さんとの恋が始まるんだっ!!(喜)」とウキウキ気分の帰り道。公園の脇を通ると、真知子さんと数人の友達の姿が。「もらってきた!?」「うん!」。真知子さんは私の第2ボタンをポケットから取り出して、公園の敷石の上に放りました。すると友達の一人が「いくよっ!!」と大きなハンマーを振り上げ、ボタン目がけて思い切り振り下ろします。ペシャンコになった第2ボタン。私は思わず息をのみ込みました。「これくらいしとかないと、あんなヤツに告白された『厄』は落ちないからねっ!」と友達。「だよねー。なんかあれから気持ち悪くって。ホントありがとうっ!」と真知子さん。私はバレないように踵を返して、いま来た方向へもどっていきました。それが私の卒業の思い出です」……多少盛ってるかもしれないが、午前中の番組で読むメールではなかったかもしれん。

その後、リクエスト曲は『最後の春休み』(©松任谷由実)。何気なく聴いてると……「もうすぐ別の道を歩き　思い出してもくれないの」という歌詞。?? どっかで聞いたことがある、このフレーズ……。「あっ!?」と声が出た。確か、少し前のこの連載の『15歳』というお題の時。私は中学卒業間際にフラれた話を書いた。そのお断りの手紙に、このフレーズが「私の好きな曲の歌詞です」という注意書きとともに書いてあったのを思い出したのだ。記憶というものは不思議なもので、その時の便箋や封筒、女の子の筆跡が一瞬にして頭の中を巡る。そうだ！「好きな人がいます」とも書いてあった！ 待てよ。好きな人がいるからと私をフっておいてだな、「もうすぐ別の道を歩き　思い出してもくれないの」とはどういう言い草だ？ 誰に向けての言葉だ？ 俺ならあの頃ずーっと思い出してたぞ。44歳になってまた思い出した！ その好きな相手に言ってるとしたら、なぜ俺への手紙に書くのかっ⁉
結論。中学生はよくわからない。それが私の『春休み』の思い出です。（2022年4月8日号）

花束

商売上、花束を頂く機会がけっこうある。一番多いのは学校公演。体育館で一席やった後、「ありがとうございました。それでは生徒代表から御礼の言葉と花束の贈呈です」という先生のMC。「スダ君（仮）、アリムラさん（仮）、お願いします！」。男女生徒2人がステージに上がってくる。

スダ「今日は僕たちのために素晴らしい落語をありがとうございました。一之輔さんの落語を聞いて笑いが止まりませんでした！」。明らかに事前に書いたと思われる原稿用紙を読んでいるスダ。お前、最前列でずっと寝てたじゃねえか。アリムラ「今日の経験を今後の生活に生かしていこうと思います！」。『寿限無』をどうやって生かすのか？　子どもに長い名前つけるの？　やめとけ。ツッコミどころ溢れる挨拶の後、アリムラさんは「この分をギャラでくれ」と思わせるような巨大な花束を私に渡してくれた。芸術鑑賞会のたびに街の花屋さんが潤うのだ。この街の経済を止めるわけにはいかない、仕方なし。

在来線を乗り継いで帰京するのだが、たいがいの学校公演は昼間。だから東京に帰ってから、また次の現場に行かねばならないことが多い。正直言ってこの花束、めちゃくちゃに邪魔である。駅のホームでじっと見つめると「ちゃんと家まで持って帰ってね」と花束が言う。昔、ある先輩が言っていた。「花束は駅の売店のおばさんにあげると喜ばれるよ」と。

キオスクにおばさん発見。急に見ず知らずの男から巨大な花束を渡されたら、このおばさんどんな顔をするだろう。喜んでくれるかな。訝しまれるか。まず説明をちゃんとしなきゃいけないな。「あのー、私、落語家でして、この近くの○○中で公演が終わりまして、この花束……よかったら……」「あら！　ステキ！」とおばさん。ほっ。助かった。「貰ってくれます？」「ダメダメダメダメ！」。え？「だって貴方が頂いたんでしょ。ダメよ。私なんかが貰っちゃったら！」。いや、俺だってどうしても貴女にあげたいわけじゃない。苦肉の策なのだ。「ぜひ！」「ダメよー、だってうちの孫、○○中の生徒だし。『なんで婆ちゃんがその花持ってるの？』ってことになるでしょ!?」

そらそうだ……そうこうしてるうちに電車が来て乗車。車内で異常な存在感を放つ花束。

「こいつこれから一世一代の愛の告白するんか？」的な目線を感じつつ、網棚へ載せ、シートに腰をかける。「あーこのまま、知らん顔して電車降りちゃおうかな」と思ってると、花束の持ち手のどこから水がポタポタ。頭が濡れた。花束が「ここにいるよ」と訴える。ままよ。このまま置き去りにして降りちまえ。と歩き出すと、「忘れ物ですよ！」と親切な方が呼びとめる。「……ありがとうございます」と渋々手に取ると、ユリの花粉がべっとりと白いシャツにつきやがった。「置いていこうとしたでしょ？（笑）」と花束がほくそ笑む。

一日中、花束を持ち歩き夜中にクタクタで帰宅。その時、気づく。「あぁ、これは今日一日頑張った私への花束なんだな」って。萎れたユリが自分に見えてくる。この花粉、なかなかとれねえんだわ。

（2022年4月29日号）

お中元

落語家は二つ目に昇進すると、一応独り立ちと認められ、お付き合いとして盆暮れの挨拶をすることを許されます。それは当人にしてみると嬉しいもので、私も二つ目になり普段お稽古をつけて頂く師匠、お仕事を頂く師匠、もちろん自分の師匠へと御中元を持参するようになりました。

「持参」なのです。「配送」という選択肢は基本的に無し。そしてアポ無し。事前に在宅か否かを確認するなんて失礼!という考え方です。行ってみて不在なら後日また出直します。実に非効率的ですが、それが昔からの慣習。そして後輩が何かしらの品物を持ってきてくれたら、先輩は「ご苦労さん、ありがとう」と車代を渡します。若手は高額なモノは持っていけません。車代もまぁ適度な額。経験上、持参の品と車代はほぼ同額でしょうか。どちらもプラマイゼロ。示し合わせたわけでもないのに不思議なものです。長年のあいだに落語家が培った均衡といいますか。

まめな後輩は「車で数日かけて20〜30軒回りますよ」と言います。それをずーっと続けているそうです。盆暮れなので年2回。「そんなにお世話になっている人がいるの?」と聞くと「一度稽古をつけてもらったり、仕事をもらったらリストに入ります」だそうです。そんなことしてると御中元リストが無限に増えていくのでは?と思いますが、そこはそれ、彼なりに毎回「入れ替え戦」があるそうです。入れ替え基準は教えてくれませんでしたけど。

私の場合、最初の年は自分の師匠を含め5軒。厳選して5軒。十分でしょう。買い物下手な私は「一体なにをお持ちすれば喜んでもらえるのか?」を考えながらデパートを回ってるうちにワケがわからなくなってきました。半日も思案していると「もう、なんだっていいんじゃないか? これだけグルグルしてるんだからお前の気持ちはなにを持っていっても先方に十分伝わるはずさ」と『上下関係の神様』が私に囁いてきました。結果的に、電車移動の私が選んだ品物は「お麩」。日持ちする上に、なにより軽い！「感謝の想いをカタチにする」という御中元のテーマからするといかがなものかと思われる理由ですが、真夏の日差しを浴びながらの御中元回りの過酷さには代えられません。それでも3回も足を運んで居なかった方にはお渡しするのを諦めて、自分で食べました。

この翌年に4軒、また3軒と減っていき、現在は自分の師匠のみ。うかがわなくなった師匠方は「あいつ、今年から来なくなりやがった……」とお思いでしょうか。べつに感謝の気持ちが無くなったわけじゃありません。お麩以外思いつかない自分の情けなさに断を下したといいますか……。

去年、二つ目に昇進した弟子に「何軒くらい御中元に回ってる？」と聞くと「師匠と大師匠だけです」。自分のことは棚に上げ「若いのに少ないなぁ」と言うと「コロナで回らないほうがいい、みたいな空気が若手にありまして。配送も気が引けますし」。なるほどね。コロナ禍にも新しい二つ目さんが増えました。コロナが落ち着いたら、また以前のような御中元の慣習は戻ってくるでしょうか。

（2022年6月10日号）

海甲府に行ってきた。山梨といえば信玄餅。メジャーな桔梗屋の「信玄餅アイス」も好きだが、金精軒もいい。特に「極上生信玄餅」。小袋入りなので片手で、蜜はあえてかけずに豪快に頂く。栄養補給にもってこい。ぜひお試しあれ。

初めての山梨でのこと。「ご当地で美味しい物は？」と落語会の主催者Aさんに聞くと「まぁ、ほうとうかな」。つっけんどんなAさん。うだるよな真夏にほうとう。「あと、鳥モツかな」。甘辛いタレの利いた鳥モツと熱々のほうとう、口内炎バリバリだった私の口中は地獄絵図。山梨の食はTPOが難しい。

「やっぱり『煮貝』は最高のご馳走だね」「ニガイ？」「鮑を醤油と出汁で煮たモノよ」「？？？」。山梨は俗に海なし県と言われる内陸県のはず。なんで海もないのに鮑？「一之輔さん、生まれは千葉ですよね？海が近くていいですね」。いやいや、こちとら北西部の野田市。近いどころか、海なんて一年に一度、家族旅行で行くところだ。「遠いですよ」「そんなことないでしょう？」。二人で携帯で地図を見たら野田と甲府、最寄りの海までの距離ほぼ一緒。「ホントだぁ（笑顔）」。そこからAさんの応対が柔らかくなった。わかりやすい人だ。

「煮貝はね、冷蔵冷凍技術がなかった頃に、駿河湾で採れた鮑を馬で輸送したんです」「あー、駿河湾まで行くんですね」「とはいえ、信玄公のころはあそこも武田の領地でしたから、まんざら『海なし』でもないんですよ（微笑）」「（めんどくせぇ）ですよね」「採れたての鮑を醤油樽に漬け込みまして、それを馬で甲府まで運んだんです」「なるほど」「漬け込むことで、保存も利きますしね。凄いのは馬に運ばせることによる『揺れ』がいい」「あー、揺れると醤油が行き渡る」「(軽く無視して) 馬の体温なんですよ！」「タイオン?」「馬の温もりですよ！　温もりが樽を通して醤油を介して鮑に伝わることによって、絶妙な味の染み具合と柔らかさになるんです。肝は『汗して一生懸命歩く馬の熱』なんですよ！」。ちょっと食べたくなくなった。Aさんは馬よりも熱く煮貝について語り続ける。「でも……今は、そういう作り方じゃないんですよね?」。つい聞いてしまった。「そらそうですよ (真顔)」「冷凍も出来るし、輸送も早いし、駿河湾直送の鮑の刺し身も山梨で食べられるんですよねぇ?」「……」。嫌な沈黙が流れて、ほうとうは冷め切って、鳥モツはカチカチ。

後日、Aさんから煮貝が送られてきた。煮汁に浸った鮑の真空パックが桐箱に収まっている。調べたらめちゃくちゃ高価。スライスしたキュウリを添えてワサビで食べてもよし、身を厚めに切って肝も混ぜて炊き込みご飯にしてもよし。うめえ、うめえよ、Aさん。すぐに御礼の電話をする。「何よりです。山梨は美味しいモノたくさんありますから、またおいでくださいね。馬肉も美味いから今度馬刺し送りますよ！」

……汗だくで煮貝を運んでやってるのに、まさかこの後自分も食われるとは思ってもなかっただろうな……馬。そんな山梨、大好きですよ。タンパク源がとれりゃ海なんかいらねーよ、山梨！

(2022年7月29日号)

アイスクリーム

コロナになりました。喉の痛みを感じ、抗原検査で陽性。PCRで再び陽性。即、自宅療養です。しばらくすると熱、咳も出てきました。ちょっとしんどい。

もっとキツいのはその最中、仕事先への報告、お詫び、中止ｏｒ延期の相談……やることが山ほどあります。独演会のキャンセルは心身ともに堪えます。年に一度しか行けない地方公演の中止は本当に申し訳なく感じております。沖縄、志木、長野……全国ツアーでまた必ずうかがいますのでお待ちくだささい。

私が隔離された翌日、発熱外来に行った家内も陽性で「ルームメイト」になりました。幸い子ども達は陰性だったので家事は任せることにし、半地下の寝室で夫婦二人の生活が始まりました。

食事も最初は家内が細々とスマホで指示を出していましたが、何日か経つと子どもらに任せるように。時折「白飯」「出汁の利いてない味噌汁」「ハム2枚」とか「コッペパン」「レトルトのコンソメスープ」「コンビーフだけを炒めたモノ」など……明らかに刑務所飯みたいな時もありますが、一生懸命やってくれてるので感謝です。まぁ、まるで動いてないので腹も減らないしちょうどいいか。

宅配便も置き配です。ちょうど御中元の時期、なにかしら頂けるのがありがたい。そうめん、ゼリー、鰻の蒲焼き真空パック、果物……療養中には助かる食材ばかり。（ゴディバのアイスクリームが届きました）と長男からLINE。来ましたよ、我が家に救世主が！　翌日（昨日のゴディバを隔離部屋に二つおねがいします）とLINEした後、ドアをノックする音。「持ってきてやったぜ」の合図です。戸を開けると、ゴディバと明◯のスー◯ーカップが1個ずつ。？？？（ゴディバ、どうした？）（セツヤク！）だそうです。◯ーパーカップ……普段なら大人な私はもうスルーするアイツ。◯より量のヤンチャな奴。自然な流れでゴディバが家内に、スーパー◯ップが私に。

……うめぇ。荒れた喉にストレートなバニラ。食べても食べても無くならない（と思われる）圧倒的な量。スーパーカッ◯の後にゴディバを食べたら、あれ、ちょっとトゥーマッチ？気まぐれに二つを混ぜてみました。もっとうめぇ……気がする。

翌々日（やっぱりゴディバをください）とLINE。カルピ◯バーが届きました。⁇　まぁいいか。⁉　いつもよりするどいカ◯ピス。カル◯スバー、うめぇ。

翌々々日（ゴディバはありませんか？）（なくなりました）と返事の後、ホー◯ランバーが届きました。食べたら……いつも通りでした。なんなんでしょう。ゴディバによってみんなの実力が底上げされていたのでしょうか。「あんな外国人助っ人に負けてたまるかい！」

という叩き上げの奮起だったのか。「助っ人が帰国」したら「凡庸な成績」に……。
　今は仕方なく氷を舐めてます。氷は波が無くて一番信頼出来ますね。喉の痛みはようやくひいてきました。あと療養期間は4日。昨日、家内が言いました。「あなたとはまるで話が合わない」と。結婚18年目にして。

（2022年8月5日号）

第五章 芸能界のまくら

第七世代

今、『お笑い第七世代』といわれる芸人たちが人気があるらしい。『お笑い第七世代』を基準とするならば、じゃあ『第一世代』から『第六世代』は一体どのような人たちで構成されているのか？　ネットで調べるとサイトによって言ってることがまちまちだ。『第三世代』は大体、とんねるず・ダウンタウン・ウッチャンナンチャンと書いてある。私はその世代直撃だったので覚えている。確かに皆さん『お笑い第三世代』と呼ばれていた。

それ以外の世代は言ったもん勝ちみたい。『第一』はエノケン・古川緑波と言ってる人もいたり、コント55号だったり、ドリフターズと言ってたりして。『第四』＝ボキャブラ芸人と一括りにされていたり。『第五』に至っては「とにかく数が多い世代である」と具体的な名前を一つも挙げていなかったり。もう全てにおいて雑な区分け。『戦国時代、御伽衆として関白秀吉を笑わせていた「曽呂利新左衛門」を「お笑い第一世代」とすることもある』……みたいな単に悪ふざけな説もあったりして、読んでるうちになんかどうでもよくなってきた。

娘に「パパは第何世代?」と聞かれたので「もちろん第七」とてきとうに応えると「じゃあ、せいやさんみたいにもっとがんばってね」と叱咤された。すぐさま条件反射で「え? 聖闘士(セイント)?」と聞き返しそうになった42歳のおじさん。でもそこはちょっと考えた。アラフォー頭の引き出しの手前に置いてある「せいや」はもちろん「聖闘士星矢」。だが、私だって「霜降り明星」くらい知っている。0・5秒くらい考えれば車田正美じゃないほうの、リモート飲み会でチンチン出しちゃったほうの「せいや」だってのはわかる。

わかっていても、だ。「聖闘士?」と半笑いで返して、そこから昔の「週刊少年ジャンプ」の思い出を子ども相手に語り続けるようなことを、ついこないだまでしていた私。そんな自分を卒業。なぜなら、ちょっと前に『第七世代』の「EXIT」の「かねち」が「おじさん芸人が若者のわからない昔のマンガやプロレスの話題で一人で盛り上がってんの正直寒いっすねー」みたいなことを言ってたから……。小さい男だとお思いでしょうが、正直若者に嫌われるのが怖い。こっちが楽しい話をしているのに、受け手が嫌がっている状況は最悪だ。第一、車田正美先生に申し訳ない。

それなのに、だ。我が家の私以外のメンバーは、私を差し置いてずーっと『鬼滅の刃』の話で盛り上がってやがる。「〝たんじろう〟がさー!」「え? 団時朗がどうしたって!?」と、

【第七世代】 2010年代後半頃から台頭を始めた若手お笑い芸人の総称。明確な定義はないが、2010年以降にデビューした若手お笑い芸人を指す。EXIT、霜降り明星が代表。

小粋なボケをかましても完全無視である。「その人は『北斗の拳』でいうところの誰？」と聞いても全員スルーである。悔しくて『鬼滅の刃』読んでみた。

めっちゃ面白い。もっと早く読めば良かった。だから今度は『北斗の拳』を大人買いして、お返しに子どもとカミさんに読ませることに決めた。絶対に読ませる。『鬼滅の刃』に嵌るなら『北斗の拳』にもグッとくるはず。もう『世代』とかじゃないんだよ、良いものは良いのだっ!!

とここまで書いて、週刊朝日の読者は私より年配が多いことに気づいた。『北斗の拳』は大丈夫だろうか。とかく『世代』は難しい。

（2020年8月7日号）

倍返し

数カ月遅れでようやくドラマ『半沢直樹』の放送が始まった。初回22%の視聴率だそうだ。スゴイ。だけど私は前シリーズを含め一度も観たことがないのです。ごめん、直樹。私の周りにも観てる人が一人もいない。「観たことないけど番宣観ればだいたいわかるだろ、あれ」と小馬鹿にする奴らばかり。ちゃんと観てからヤイヤイ言えよな。私は観てないし、観る時間もないことはないけど、そんな時間があればもっと他のことをしたいから、万止むを得ず観ないだけなのだ。ホントは観たいけど「あつまれ　どうぶつの森」のたぬき開発のローンを返すほうが今は大切なのだ。だからしかたがない。ホントごめん、直樹。

みんな大好き『半沢直樹』だが、よく物真似はさせてもらっている。なにかあったら口に出して「倍返しだ！」って言っている。朝起きたら、まず食卓で「倍返しだ！」。すると「うるさい、さっさと食器を並べろ！」とカミさんに怒られる。直樹もたぶん「箸の向きが違うだろっ！」って上戸彩に怒られてることだろう。トイレに座って唸ってるときも「倍返しだっ!!」と叫ぶといい塩梅のお通じ。高座で滑ったときも「つぎは倍返しだぞ！（泣）」と心の中で叫んでみる。気は心だ。「倍返しだ！」って叫ぶのと叫ばないのでは、叫んだほうがいい結果が出るのはドラマを観れば明らかだ。いや、観てないんだけどね。

観てないと直樹（さっきから直樹と呼んでるが「半沢」って呼ぶのが普通？）がどんなふうに「倍返しだ！」って言ってるのか、正解がわからない。ポーズとかあるの？　やっぱり「倍」だからピースサインを出しながらだろうか。どうかすると両手かな。力いっぱいのダブルピースを突きつけて前後させながら「倍返しだ！」。そのとき、目は思い切り見開いて、舌もペロリと出すと可愛らしさも倍。ちょっと高見山の「2バーイ、2バーイ」を彷彿とさ

【倍返し】2020年に7年ぶりに放送されたTBSの人気ドラマ「半沢直樹」。堺雅人演じる「半沢直樹」の決めゼリフが「倍返し」。敵をギャフンとさせることを決意した際に呟く。

せるし、まさかの倍つながり。

老婆心ながら気になっているのは、相手によっては「だ！」は失礼に当たらないか?ということ。目上の人には「倍返しです！」とか「倍返しさせて頂いてもよろしいですか⁉」とか「倍返しさせて頂くことになりますが、その折は必ず前もって連絡させて頂きます！」とか臨機応変なのが出来る大人というものだよ、直樹。

ところで「倍返しだ！」って、直樹はどのタイミングで言ってるの？ 戦いにいく直前、切り火をしてくれる上戸彩に対して自宅玄関で「これから倍返しだ！ 行ってくる！」ってかんじ？ それとも相手と直面し、必殺技を繰り出すその直前に「倍返しだ！ これでもくらえーっ！」的な？ はたまた「倍返し」し終わった後、うずくまって苦しんでいる敵に向かって「どうだ？ 倍返しだ！ まいったかっ⁉」とダメ押し風に？ 1時間で何回くらい言うんだろう？ そんなに興味があるなら観ればいいのだけど、また「あつ森」のローンが貯まってしまった。聞けば半沢直樹って銀行員らしい。ちょっと相談にのってもらおうかな。悪徳業者のたぬき開発に「倍返し」だ！

（2020年8月14－21日号）

松田聖子

夏も過ぎだいぶ涼しくなってきましたが、まだまだ我が家は『あつもり（あつまれ　どうぶつの森）』ブーム。ただ我が家族には令和にして「ゲームは一日30分のルール」があるので、なかなか動物たちが集まらない。ガブリエル、チューこ、カモミ、トムソン……まだまだコマ不足だ。一生懸命に魚釣りをしていると担当編集のK氏からのメールが入った。

「1980年のデビューで、今年40周年です。次のお題は『松田聖子』でお願いします。ちなみに一之輔さんは『聖子派』と『明菜派』どちらですか？」。いや、どちらでもねーです。老けてみられるけど1978年生まれだもんで。私の担当ならプロフィール知ってるはずなんだけどね。そんなことよりこちとら『あつもり』なんですよ！　……でもお仕事のほうが大切。

聖子ちゃんの思い出、何かないかなぁ……と考えてみた。歌番組は物心ついた頃から姉ちゃんたちと観ていた。記者会見!!　小さい時（6歳）に見たお馴染みの「生まれ変わったら一緒になろうね……」というあれ。スターがフラッシュの前で思い切り泣いていた。子供ながらに「公衆の面前でこんな赤裸々なことを言っちゃうのか!?」と驚いた。完全に金のとれる『ステージ』じゃないですか。それをタダの地上波でやってるのだ。今なら絶対に有料配

【松田聖子】　1980年にデビューし2020年に芸能活動40周年を迎えた昭和を代表するアイドル。「聖子ちゃんカット」「ぶりっこ」「生まれ変わったら」など数々の流行語も生んだ。

信すべきです。やっぱり聖子ちゃんはすごい。しかも郷さんは「生まれ変わったら……」なんてホントは言ってなかったらしい。やっぱりすごい。

赤裸々と言えば、「アイ・ワズ・ゲイ」と沈痛な面持ちで告白する白人青年の記者会見も「金がとれる」ヤツだった。「アイ・シャル・リターン」「アイル・ビー・バック」に続く「アイ」から始まる名台詞。あの人は聖子ちゃんの暴露本書いた人……違うな。それはジェフ・ニコルスだ。「アイ・ワズ・ゲイ」はマラソンの人の元旦那さんじゃないか。ジェフは『真実の愛』だ。『ダディ』は郷ひろみか。もうごちゃごちゃ。

そういえば、姉所有の漫画雑誌の別冊付録で『松田聖子物語』という本があったな。小学生の頃、何も読むものがなくなるとこれをずーっと読んでいたのを覚えている。子供時代の聖子ちゃんは友達から「のりっぺ」と呼ばれていたらしい。本名・蒲池法子だから。そんな「のりっぺ」が両親に内緒で福岡でのオーディション大会に出場。「好きな歌手に会いにいく」と嘘をついて母親に会場まで送ってもらい、母親が買い物を済ませて会場に戻ると「のりっぺ」がステージで歌っていたという。やっぱりすごい。ボロボロになるまで読んでいた『松田聖子物語』がそのままネットに載っていて記憶が蘇ってきた。ネットの人も『松田聖子物語』読んでたのか？

慣れない聖子ちゃん頭にくたびれて、一息つこうと再び『あつもり』に戻る。なんと新しい動物が増えそうなかんじ。名前は「のりっぺ」！　アヒルの女の子だ。夢は「ファーストレディ」。アイドル志向の強い「のりっぺ」の顔は聖子ちゃんにどことなく似ていた。マジか。我が島の仲間たちは「のりっぺ」と仲良くしてくれるかな。「のりっぺ」を頼むよ。

（2020年10月2日号）

漫才

昨年末のM－1でマヂカルラブリーが優勝し、年が明け、再び「緊急事態宣言」が発出された。世のお笑い好きはもっと穏やかな漫才がみたいんじゃないかな。同じ若手漫才師でも寄席でお馴染み、青空一風（いっぷう）・千風（せんぷう）はいかがですか？

若々しさのない芸名だけど結成9年目。寄席芸人としては十分若手。ツッコミの一風さんは42、ボケの千風さんは37。一風さん、オレと同じ年の生まれじゃないか。今、ウィキを見て知りました。よく会うのだけど、実はじっくり話したことはないのだ。ちょっとネットの力を借りてみる。

漫才協会に所属している一風・千風。二人の師匠は青空一歩・三歩師匠。その一歩・三歩

【漫才】　2020年の年末に開催された「M－1グランプリ」で優勝したマヂカルラブリーのネタが漫才によくある掛け合いなどがほぼないため「あれは漫才なのか？」と論争を呼んだ。

師匠の師匠は青空千夜・一夜師匠。千夜・一夜師匠の師匠はコロムビア・トップ・ライト師匠。なるほど、トップ・ライト師匠の曾孫弟子なのか。名門の出だ。

一風・千風さんは漫才協会に入会後、落語協会にも所属し、東京の寄席に出演するようになった。初めて会ったときに「正蔵師匠の一門に入れて頂きました！」とキラキラした目で挨拶をされたのが２０１５年。落語協会の色物（落語家以外の芸人）さんは噺家の一門に入る人が多い。入会しやすく、後ろ盾にもなってもらえるからね。正蔵師匠優しいしね。いいとこ入ったよ。

一風さんは昔のアメリカのドーナツのＣＭに出てるようなバタ臭い童顔の色白の優男。千風さんは大柄な太めの気の弱そうな、農協にコネで入った地元の市議会議員の三男坊みたい。寄席に出るようになって今年で6年目。出始めの頃、高座を降りて「どうでした？」と聞くと「地獄でした！」となぜかニコニコしていた。たしかに客席は一風どころか凪だった。でもニコニコ。そこが彼らのいいところ。

しかしながら二人とも着実にキャリアを重ねている。一風さんのプロフィールに「市民後見人芸人」「マイナンバー制度芸人」とあった。いったいどんな芸人？　いろんな講演もしてるみたい。寄席でもウケている。たまに「地獄」みたいなこともあるが、一風・千風はいつまでも初々しくニコニコしてるのが持ち味だ。

年明け、久々に会った一風・千風の様子がおかしい。アレ？　なんか変。千風さんが……

別人のように痩せていた。「はい……ステイホーム中に普通に家に居たら、30キロ痩せていました」とニコニコ顔の110キロあった(ウィキ調べ)千風さん。「数カ月ぶりに会ったら、私も誰だかわかりませんでした」とニコニコしてる相方。どっちがどっちだかわからない。こんな短期間で見た目が完全に入れ替わってしまって大丈夫か?

ニコニコと寄席芸人の道をゆく一風・千風。M－1なんぞには興味ないのかと思って検索をかけてみると、ほぼ毎年予選に出てました。結果は……おーい、ガンバレ一風・千風。ちなみに千風さんはいまだに親からお年玉をもらってるらしい。これもウィキ情報だけどイメージ通りで完璧だ。痩せてブカブカになった衣装も買い替えてもらいなさい。とにかく2021年は一風・十風の年になる……かどうかはわからないけど、今日も一風・千風は高座でニコニコしてる……はずですよ。

(2021年1月29日号)

国際結婚

先日、仕事で青森へ行った。新青森駅からタクシーで会場に向かう途中、運転手さんがシャッターの閉まった店舗を指して言う。「覚えてます? アニータ。何年か前に住宅供給公社の経理担当が14億円横領して貢いでた、チリ人妻。働いてた店、ここ」。したり顔の運転手さん。青森に来るたびに『アニータの店』の跡地を教えてもらう。当然いつも違う運転手さんだ。「回収出来たのたった数千万らしいですよ(笑)」。今日の運転手さんはちょっと嬉しそうだ。アニータとその夫は青森鉄板の『国際結婚』だ。岩手ならたぶん昌夫とシェパードだ。

嘶家にも国際結婚の方は何人かいるが、先方の親に職業を説明するのが大変だろう。「ジャパンの伝統的な衣装を身に纏って、ジャパンのクッション的なものに膝に悪い座り方（正座）をして、団扇的なものとハンカチ的なものを駆使して、面白可笑しい話をする人なの……パパ」。私がパパなら「娘よ、もう一度最初から頼む」と言って、怪訝な顔でパイプを燻らせる。

国際結婚した有名人を調べてみた。そう！　パンチ佐藤！　子供心に『パンチ佐藤、国際結婚』というスポーツ新聞の見出しを見たとき、なんとなく心が温かになった気がしたものだ。『パンチ佐藤』を外国人の両親に説明するのは嘶家以上に難しいはずだ。

父「パンチ？　彼はボクサーなのかい？」

娘「いいえ、プロ野球選手よ、パパ。髪型がパンチパーマだから『パンチ』なの。あのイチローとチームメイトなのよ、パパ」

母「イチローなら知ってる。その人も朝からカレーなの？」

娘「カレーも食べると思うけど……この人よ、ママ（写真を見せる）。ステキでしょ？」

母「これがパンチパーマ？　まるでブッダね。きっと穏やかな方ね（喜）。やっぱり朝はインドカレー？　金のネックレスがジュズみたい（喜）」

父「待ちなさい。（調べて）これはどうやらジャパニーズマフィアが好んでする髪型らしいじゃないか！（また調べて）プロフィールに『クマガイグミ』出身と書いてある⁉『クミ』というのはマフィアグループの呼称だろう！　反社じゃないのか⁉」

娘「違うわ。日本では建設会社にも『組』を使うの。彼は熊谷組からドラフト1位でプロ入りしてオリックス。シーズンオフには得意の歌を唄ったり、芸能人とゴルフしたり、クイズに答えたりしているの」

父「……一体何者なんだ？　パンチ佐藤……」

娘「とにかくいい人なの！　一度会ってみて！　必ずパパも気に入ると思うから！」

父「そうか、お前がそこまで言うなら、連れてきなさい」

父「なかなかいい男じゃないか。目を剥いて『自分の心は一つです！』という言葉に心打たれたよ」

娘「ありがとう、パパ。私たち幸せになるわ」

母「でもやたらと例え話に出てくる『ロサ・モタ』っていうのは一体なんなのかしら」

【国際結婚】２０１６年9月に台湾人のイケメン卓球選手と「国際結婚」した福原愛が、２０２１年3月、横浜で大谷翔平似の商社マンとの不倫デートを報じられ、その後離婚した。

……恐らくこんなかんじだろう。パンチ夫人は中国の方。お二人は幸せな結婚生活を送られてるみたいです。念のため。私が何が言いたいかというと……頑張れ、愛ちゃん！　自分の心は一つです！

（2021年4月9日号）

アナウンサー

現在ラジオのレギュラー番組が2本。JFN系「サンデーフリッカーズ」（サンフリ）とニッポン放送「春風亭一之輔あなたとハッピー！」（ハッピー）。サンフリは11年目、ハッピーは3年目になる。

11年前の今頃。サンフリのオーディションがあった。ニュース原稿を渡され「ニュース読みがあるかもしれないのでお願いします」とディレクター（D）。落語家がニュースを読む？　いいの？　やってみたら、案外とスムーズに読めた。「いけるね！」という雰囲気。私は「面倒くせえことになったな」と思い、次の原稿は多少つっかえつつ読んでみたら「やっぱりダメだね」とのDの判断。結局ニュースはアナウンサーが読むことに。今だから言います。あの時、ちょっと八百長しました。すまん。

台本に『アナ尻』と書いてあった。「アナ尻」？　アナウンサーは座りっぱなしだから尻に負担がかかるから大切にしろ……ということでは勿論ない。『アナ尻　8時29分45秒』とあったから、素人の私でもだいたいは察しがついた。その時間までには喋り終えよ！ということか。ピッタリ終わるのがカッコいいらしい。曲紹介もイントロの秒数を計っておく。イントロが流れたらちょっとしたトークを挟んで「～お送りするのは千昌夫『北国の春』！」↓♪しらかば～あおぞ～ら～とスムーズに繋がるのがカッコいいらしい……11年やっててまだ出来ねぇ。いや、開始3カ月で諦めました。

「あなたとハッピー！」でのパートナーはニッポン放送の増山さやかアナウンス室長。目を細めて見ると18歳。普通に見ても30代。この信頼と実績のベテラン美魔女・増山アナの『アナ尻テク』がすごい。

ラジオショッピングのアナ尻が10時11分58秒。そのあと『榊原郁恵のハッピーダイアリー』という5分番組が入るのだが、ショッピングが終わるとアナ尻までの残り秒数を見て、台本も無いのに臨機応変に文言を足し引きしてピッタリに収める。例えば……

残り10秒↓「～ぜひお買い求めください。さぁ、お送りしておりますFM93　AM1242ニッポン放送『春風亭一之輔　あなたとハッピー！』。この後は郁恵さんが登場。どんなお話が聞けますでしょうか。『榊原郁恵のハッピーダイアリー』」

残り5秒↓「さぁ、この後は『榊原郁恵のハッピーダイアリー』。引き続き『あなたとハッピー！』にお付き合いください」

残り3秒→「まもなく『榊原郁恵のハッピーダイアリー』です」
残り2秒→「このあとは郁恵さんの登場です」
残り1秒→「『ハッピーダイアリー』でーす」

職人技。なかなか出来ることじゃない。私もやってみた。時間が余ってしまい、喋ることも思いつかず仕方ないのでカウントダウンしたら「えー、あと5秒ですね、4、3、2、1、郁恵さーー」と切られてしまった。増山さんには「斬新」と褒められた。

そんな増山さんだが放送中、退屈すると原稿の隅に渦巻き模様をグルグルと描き敷き詰めている。『室長の呪いの渦巻き』。室長が退屈しないようにするのが私の目標である。

（2021年7月9日号）

師匠

お元気だと思っていた。小三治師匠って常に具合が悪そうで、でもそれなりに折り合いをつけて、仕事をしたり、旅をしたりのイメージ。「なんだかんだ長生きしそうだよね」って芸人仲間も言っていた。10月4日、岡山でお弟子さんの三三師匠と私の二人会。三三兄さんは「明日の朝、師匠の用で行かなきゃいけないんだ」と最終の新幹線で帰っていった。「9時半に師匠と朝飯だよ〜」とめんどくさそうに、でも少し嬉しそうな兄さん。10月10日、私は富山県高岡で独演会。仲入り休憩時、同行の後輩から「小三治師匠、お亡くなりになったそうです！」と聞かされた。

２０１２年、私の真打ち昇進の記者会見で「久々にみた本物」と小三治師匠が言った。小三治師匠は世間へのアピールの仕方が上手い方だと思う。ぶっきらぼうだが気配りもされる。失礼ながら『褒められたらそれはワナ』を旨としてるので、本当に師匠がそう思っていたとはいまだに私には思えない。『芸にひねたところがない』とも。ありがたいけど、私、人間はかなりひねています。師匠、申し訳ありません（笑）。

真打ち披露の初日。小三治師匠と私の師匠・一朝が高座の袖で並んで私の噺を聴いていた。うちの師匠はニコニコしてたが、小三治師匠の難しい顔がチラリと見えたので、なるべくそちらは見ないようにした。「『弟子の噺で笑えるのか？』って言われちゃったよ（笑）」と、うちの師匠。本当は私の芸は小三治師匠の好みではなかったと思う。そこをあえて堪えて抜擢してくださったのではないか。違いますかね、師匠。

真打ち披露の口上書の挨拶文を小三治師匠にお願いした。協会会長が書くのは慣例だ。〆切を過ぎてもいっこうに上がってこない。沖縄の仕事でご一緒した日がリミットだった。そ

【師匠】人間国宝にして落語界の「生きる伝説」柳家小三治師匠が、２０２１年10月にお亡くなりになった。著者は真打ち昇進の際に師匠から「久々の本物」と高く評価された。

の晩、「ロビーに来なさい」と言われ、ようやく原稿が頂けるのかと思いきや「ずーっと考えたんだが……一朝（私の師匠）の文を読んだら、オレはもう十分だと思う」とおっしゃった。ようは「書いてない」ということ。ずいぶん待ったのに今更それはないんじゃないかと、こちらもちょっとムッとして、「……かしこまりました。では、うちの師匠の『だけ』でいきます！」と返事をしたら「うん、お前の師匠の文は素晴らしい」とホッとしたような顔でニコッと笑った。夏休みの宿題がようやく終わったような（ホントは終わっていない）子供みたいな笑顔。つられて私も笑ってしまった。あの笑顔は卑怯だったなぁ。

訃報を聞き、『高岡独演会のトリの一席は季節外れの『青菜』にした。『青菜』は師匠の十八番。お客さんが師匠の一言をも聞き漏らすまいと張りつめていながら、それでいて温かい空間。普段あんなにおっかない顔なのに、小三治師匠の高座はいつもごきげんに見えた。「笑わせようとするな」とよくおっしゃってましたけど、師匠もけっこう「笑わせよう」としてるように見えました。「何もわかってない」と言われそうですが、『孤高の噺家』『求道者』と称される芸人らしからぬ師匠の、時々見えるその可愛らしい芸人ぽさが好きでした。小三治師匠、お疲れ様でした。

（２０２１年10月29日号）

新メンバー

『笑点』のメンバーが代わりました。林家三平から桂宮治へ。ネットニュースに「観てないけどなんか一言言いたい」匿名の人たちが大発生するというのも、やはり笑点は「国民的番組」なんでしょう。

三平兄さんの恐怖映像、もとい「笑点卒業ご挨拶」を観ました。「座布団10枚獲得することがかなわなかった」「武者修行して戻って参ります」というパワーワード。おっかねえな、笑点。もっとゆるーく、楽しむものだと思ったけど、戦場じゃねえか。小5のとき、なかなか忘れ物が直らなくてみんなの前で「今度こそは生まれ変わります！（半泣き）」と誓わされてたM君を思い出しました。結局、M君はその後も忘れ物をし続けたけど、三平兄さんは果たしてどうなるのでしょう。見間違えるほどやつれた兄さん。「笑点のストレス」でガリガリに痩せたのかと同情しかけたら、実はライザップでした。仕事で痩せたんかい！　こういう間の悪さも実に兄さんらしくてたまりません。かわいい！　寄席の楽屋で会ったらけっこう元気そう。肩の荷が下りてなんか楽しそうなのも三平兄さんらしくて最高です。

さて、新メンバーの宮治さんは私の後輩。笑点の新メンバーは？という話題が巷で流れたとき、私はすぐに候補に挙がっていた後輩にメールや電話で探りを入れてみました。皆こと

【新メンバー】国民的テレビ番組「笑点」（日本テレビ系）の大喜利メンバーから林家三平師匠が外れ、「新メンバー」に著者とも親交の深い桂宮治師匠が選ばれた。

ごとく「私じゃないです！」と言うなか、宮治だけは「そんな馬鹿な！（一之輔）兄さんより先にはいけませんよ！」と上手くヨイショでコーティングして完全否定してきました。

その結果、こういうことになりました。人間て恐ろしいね。「後任に宮治！」が発表された翌朝、日曜朝6時からのFM『サンデーフリッカーズ』（JFN系）の生放送で宮治君に急きょ電話をかけてみました。早朝に起こされ明らかに不機嫌そうな宮治君。しかし寝起きにもかかわらず、確実に要点を押さえて笑いをとっていきます。リスナー（架空）からの「笑点で嫌いなメンバーは誰ですか？」「レギュラー決定までにどれくらい悪魔に心を売ってきたのですか？」という質問にも下手に出るところは下手に出て、キレるところはキレる。バランス感覚抜群。スゴイ！ 三平兄さんにはできないね（できない兄さんもステキ）。最後に一言と聞くと「笑点のレギュラーになるからにはこれからはもっと落語を頑張ります」だそうです。三平兄さんは、卒業するのに「座布団10枚取れるように精進します！」と決意表明したというのに……なんなんだ、この捻れは……。

これから宮治君は「知名度を上げるために」バンバンバラエティー番組などにも出演予定らしいので要注目です。「数本の番組はレギュラー決定以前の箝口令が敷かれていた時期の収録のため『笑点レギュラー』というワードが全く出てこないので変な空気になってて面白そうですよ、ヒヒヒ」と、レギュラー候補に挙げられていた春風亭昇也さんが嬉しそうに教えてくれました。昇也曰く「私は次の次あたり……自然に席が空くのを待ちますよ、ヒヒヒ」

だそうです。こいつが一番悪いやつかもしれません。ヒヒヒ。

（2022年2月4日号）

鎌倉

大河ドラマ『鎌倉殿の13人』を観ています。私が一番注目してるのは、小池栄子さん演じる北条政子の飛び出さんばかりの眼球。あの目ヂカラ、なんでしょう？　あれから丸いもの全てが政子の目ん玉に見えるのです。電球を見ても、イクラを見ても、地球の衛星画像を見ても……政子の目。美しいのよ、剥いた目が。

鎌倉へは度々仕事で伺います。湘南新宿ラインで池袋から1時間ちょっと。本を読むにも、原稿を書くにも集中力が続くちょうどいい移動時間。二つ目になりたての時、「かまくら落語会」という老舗の落語会に初めてお手伝いに行きました。鶴岡八幡宮の参道脇にあるちょうどいい古さのちょうどいい大きさのホール。お客さんは土地の落語好きの御年配がほとんどで、むやみに馬鹿笑いするでもなく、全く無反応でもない、ちょうどいい笑いが場内に広がるちょうどいい落語会。

【鎌倉】2022年の大河ドラマ「鎌倉殿の13人」。鎌倉幕府の2代目執権・北条義時の波乱の人生を描く。主演は小栗旬、北条政子役に小池栄子。脚本は三谷幸喜。

材木座の光明寺で開かれている「材木座らくご会」。北鎌倉の円覚寺内の佛日庵の「北鎌倉落語会」。お寺の本堂はお客さんとの距離も近く、ほとんど地声。ホールでなく、御本尊を背にして高座からお客さんの顔を見ると、みな無条件で笑顔なのが不思議です。基本笑顔からのスタートっていうのはありがたい。材木座は「小学生以下無料」なので、最前列に子供が大勢キャッキャキャッキャしてて、釣られて大人も笑い出します。この二つの落語会では滑ったことがない。スランプの時に呼んでもらえると有り難い、夢のような落語会です。

「鎌倉はなし会」は鎌倉芸術館でよく開催されていますが、最寄りは大船駅なので注意が必要です。私と師匠・春風亭一朝の親子会を定期的に開いてくれます。大船駅から会場までの道のりが好きなんだよな。徒歩10分弱。芸術館は元・松竹大船撮影所跡。「昔のスタッフや役者さんも、ここを歩いて撮影所に向かったんだろうなぁ」なんてことを思いつつ、ブツブツ噺を口の中で繰りながら向かいます。

鎌倉といえば豊島屋の「鳩サブレー」ですが、ここの社長さんが落語好きでよくお差し入れを頂きます。社長は鎌倉の大仏さんを思わせる巨体でスキンヘッドでいつもニコニコ顔。ご縁があってコロナ禍以前、豊島屋さんの新年会で全従業員の前で落語をやらせて頂いていたのですが、社長が最前列のかぶり付きで一番笑ってくれます。宴会になると若い女子社員は私の所に来ず、みんな社長と写メを撮ってキャーキャー……ちょっと悔しいんだな。この社長は2013年に鎌倉の海水浴場の命名権を購入しながらも「昔から親しまれている名前のままにします」と発表。やることが粋なんだな。

こないだも日曜日の昼の落語会が終わり、湘南新宿ラインで帰ろうとちょっと贅沢してグリーン車内。自分へのお土産に買った鳩サブレー齧りながら帰宅し、『鎌倉殿の13人』観ながら「政子の目、今日もキレキレだなぁ」とぼんやりしてたら……あのまん丸な目が社長のまぁるい顔に見えてきて……。どちらも輝きがケタ違いで「疫病退散」に効果がありそう。なんとかなりませんかね、政子さん、久保田社長！（柏手）

（2022年2月18日号）

相棒

先週からの続きになります。私、コロナ陽性で自宅隔離されておりましたが、無事完治し社会復帰致しました。

同じく陽性だった妻と10日間、8畳一間にカンヅメでした。高熱でうなされる妻。まだ微熱がある私は何も出来ずにただ見守るのみ……不甲斐ない。薬が効いてきたのか、そのうち妻は寝付いてしまいました。微かな寝息と「ぐりゅゅゅゅ〜〜〜ん」という軽妙な響き。沈

【相棒】2000年から放送が開始され2022年でシーズン21を迎える長寿刑事ドラマ「相棒」。2022年10月の放送から初代「相棒」亀山薫（演・寺脇康文）が復帰する。

鬱な病床においても人間のはらわたから響く音は結構な存在感です。しばらくすると「ごぃ〜〜〜〜んぷり〜〜〜〜ん」。一度たりとも同じ音色ではなく、本体が高熱に浮かされていても、身体の部位はそれなりに自分の果たすべき活動をするのですね。人間の身体は愛おしい。頑張れ、妻の腸。早く良くなれ、妻の本体。

　部屋に響く「さえずり」に耳を傾けていると、それがそのうちに「ブルブルブルブルブルブル〜」とエンジン音に変わりました。「？」。私は妻と二人でツーリングをしている夢を見ました。妻がバイクに跨り、私がそのサイドカーに座ります。サイドカーなんて乗ったこともなければ、リアルに遭遇したこともない。フィクションの世界でしか見たことのない未知なる乗り物、サイドカー。

「しっかりつかまってろよ！」。マフラーをなびかせ妻が雄々しく叫びました。「はい！」と私。爆音を響かせながらバイクとサイドカーが荒野を進みます。額に汗してハンドルを握る妻。何か役に立ちたいと思う私。「ポカリ、要りますか？」。なぜか敬語。「今、運転してんだろ!?　見てて分かんねえか！」。怒られました。「汗、拭きますか？」「メット被ってんだろ？　両手離して脱げってのかよ!?」。断っておきますが、私の妻は普段こんなに乱暴な口はききません。暑そうだからあおいであげようかな……と団扇を手にした途端、バイクの勢いに煽られて後方に吹っ飛ばされてしまいました。「いいから、道、調べてくんねえかなっ!?」。妻が吐き捨てます。「はい！　喜んで！」。やっと妻のお役に立てる！　スマホで目的地を検索。

「ハイ！　ここです！」。液晶画面を妻の顔に向かって掲げます。アクセル全開の妻。「ここ！ここ！」。私のスマホには目もくれようともしません。「……まぁ、いーやっ‼　だいたいなかんじで突っ走っていくかーーっ‼」。自分で道を調べろと言ったくせに、妻はもうどうでも良くなった様子。サイドカーの中の私は無力。なにもすべきことがない……と肩を落とした途端に夢から覚めました。横にはおでこに冷えピタを貼って寝ている妻。今、彼女はハンドルをガッチリ握り、ウイルスに荒らされたデコボコ道を一刻も早く抜け出そうと爆走中なのでしょう。

妻のお腹がまた鳴りました。負けじと私のお腹も鳴りました。ハモった二人の『エンジン音』。何にも出来ることがないサイドカーの私は「早く良くなれ」と念じつつ、冷えピタの残数を数えるだけでしたが、3日後に妻の熱は無事下がりました。ところでサイドカーに乗っている時は何をするのがベストなのでしょう？　そのうち妻のサイドカーに乗るかもしれないから、知っておきたいと思うのです。

（2022年8月12日号）

第六章　日常生活のまくら

復活

コロナから復帰し10日ぶりの高座。マクラで「隔離生活から久々に外に出ると、『牛若丸』ですねぇ」と言うと、お客がポカーン。最前列のおじさんが「浦島太郎?」と呟いた。焦る。「そう!（汗）浦島太郎! 10日休むとダメですね。『牛若丸』は『お椀の船に、箸の櫂』か!」。またポカーン。高座降りたら後輩に「さっきの『一寸法師』じゃないですか?」と直されました。リハビリが必要です。

長野の独演会が中止になり、それに付随していた地元新聞の取材もキャンセルになったままでした。丸1日休みがあったので、その日に改めて取材を受けに長野に出向き、ついでなので1泊ゆっくり出来ないかと探してみると、近くに良さげな温泉地を発見。こうなりゃ独り旅だ。取材を終えて在来線でガタゴトガタゴト。いーかんじで鄙びた街。観光名所（街の人いわく）は30分で回りきってしまいました。宿のお湯に入っても夕食までまだ3時間あります。ここで「Nスタ」でホラン千秋を観ていたら、いつもと同じです。日帰り温泉があるらしいので行ってみよう。

狭いお湯に浸かっていると、ごま塩頭のお爺さんが入ってきました。背中には若武者……

っぽい絵が描いてあります。子供が自由帳の片隅に描いたような、正直あんまり上手くなくて、かつ小さくてファニーフェイス。手に持つ刀が松の枯れっ葉に見えるし、腰から下はゴム跳びしてる女子のようです。ジッと見入ってると気配を察したのか「ん？」とお爺さん。「なに？」「あ、すいません！」「あ……（口に人さし指当てて）しー、だな（笑）。コロナだからな」。壁には「お喋り禁止」の注意書き。案外生真面目なお爺さん。無言のまま、二人で入浴。出るタイミングも一緒。

外に出て「どこから？」とお爺さん。「東京です」「どうだい、ここは？」「良いですねぇ」「そう？」「はい」「まぁ、悪いところじゃないねぇ（笑）。オレも久々に帰ってきたんだけどさ……」。細かい事情は聞きませんでしたが、お爺さんはなにか訳があって郷里を離れていたようで「すっかり浦島太郎だわな」と笑いました。浦島太郎!?「失礼ですが背中の彫り物は……どなたですかね？」と聞いてみた。「あー、これ？」「……義経（牛若丸）、じゃないですよね」「んー、違う。木曽義仲だね。若気の至り（苦笑）」。ニアピン。お爺さんは続けて「なんか締まらなくてなぁ。よく『一寸法師』みてえだなんて言われてたな」と、笑った。来た。『一寸法師』、ありがとうございます、回収出来ました。

宿に戻りテレビでは「世界陸上」の総集編。織田裕二さんが「地球に生まれてよかったーっ！」と例の如く叫んでいます。「いやいや、俺の方がよかったんじゃないかな。フフ」と独り呟いたまでは覚えてるのですが、そのまま寝入ってしまったようで。昼の出来事がまるで夢のような感じでしたが、宿からの帰り道にあのお爺さんを見かけました。「浦島太郎だ」と呟き、声もかけず駅へ。温泉饅頭でも買おうかと思いましたが、蓋を開けて煙でも出るといけないので、なんとなくやめ。いい旅でした。復帰はしたので、そろそろ復活します。

（2022年8月19－26日号）

ルーズ

今回はいつもの己のルーズさを懺悔したい。

4年前くらいまでは1本余裕があったのだ。何のことかといえば、このコラムの原稿のストックである。何かのはずみでストックがなくなった。なぜだ？ 今まで私は病気で休載とかあったっけ？ まるで覚えていない。神隠しかも知れん。おーこわ。とはいえ、盆暮れとGWの合併号が出ると1週休みになる。その時に休まず書いておけば良いのだよ。でも私はバカ正直に休んでしまう。よって今、カツカツ。4年間ズーッとカツカツだ。「こんなユルい原稿で何を言うか？」とお思いかもしれないが、ご飯を硬めに炊くのも、お粥を煮るのも同じ労力がいるのだ。ご理解ください。

この連載は金曜日が締め切り。私は金曜の朝からちょっと慌てだす。「ちょっと」だけど。

初動、遅。お題を出されてから、それが何となく頭の片隅にフワフワ浮いているのだけども、手を出そうともしないルーズな自分。編集さんへのショートメールの履歴には「すいません！ちょっと遅れます！」「承知いたしました！」「申し訳ないです！　昼過ぎまでお待ちくださ い！」「はい！　お待ち致しております！」「今週もすいません！」「ガッテンです！」なんて文面が並んでる。ここ何年も毎週毎回同じやりとり。学習しないにもほどがある。

ある土曜日の午前中。地方へ行く新幹線の中で、シコシコと慣れないスマホに向かっていると、弟子が横で居眠りしていた。「師匠が締め切りに追われているのに、このやろう……」すぐに弟子4名を緊急招集し、一列に並ばせる。「いーですか？　君たちにこれから毎週ひとつ、文章を書いてもらいます。私がテーマを与えてそれについて君たちが書く。文字数は1千字以上。土曜日が締め切りです。絶対に遅れないように！」。悔しいから弟子どもに無理やり課題を与えてやった。ざまあみろ。お前たちも締め切りに苦しみやがれ。「……はい、かしこまりました」。無表情で頷く弟子一同。いやなのかよ!?　だが私は師匠。師匠の言うことは絶対である。

ま、文章を書くことによって発想力や構成力も身につくだろうしネタ探しにもなるだろう。普段文章を書かない彼らにとってはいいことしかない、素晴らしい提案だと思ってたのだが

【ルーズ】2019年10月、お笑い芸人のチュートリアル・徳井義実の約1億2千万円の所得隠しが発覚。記者会見で脱税の理由を「想像を絶する（自分の）ルーズさ」と説明した。

……あいつら、締め切り守らねえ。

初めの頃は守っていたが、慣れてくると締め切りの土曜の深夜、日曜朝、最近では大胆にも火曜の夜に送ってくるようなヤツもいる。舐められてる？　何度も言うがオレは師匠だぞ。なんなら師匠が「編集長」なんだぞ。どこに発表するわけではないが、一応2回は目を通すことにしている。短いが感想を書くこともある。「ちょっとお待ちください！」とかのメールもない。黙って遅れやがる。最低限の礼儀もない。頭きたから今回の彼奴らのお題は、私が与えられたのと同じ『ルーズ』にしてやった。皮肉を込めて、また師匠にあるまじきことだがなんなら弟子の文章をパクってやるぐらいの気持ちで、『ルーズ』にしたのに。まだ、送ってこない。日曜日だぞ！　こっちは困ってんだ。お願いだからなにかヒントでもくれよ!!

と、思ってたら、あ……なんか書けちゃった。

（2019年11月22日号）

パレード

11月9日。夕刻。「渋谷らくご」という落語会の楽屋。スマホをいじっていると、天皇陛下御即位の国民祭典の生動画が流れてきた。そんなイベントがあるとは……。少なくともその時楽屋にいた噺家は誰も知らなかった。ボンヤリ見ているとフンドシ一丁の男の人が太鼓を乱れ打ち、ののちに開幕。……誰が構成を考えたんだろうか？　嵐、熱唱。芦田愛菜、立派。フンドシは謎。そうだった、パレードは台風被害で10日に延期になったのだな。明日か!?

11月10日。早朝。半蔵門のＪＦＮでラジオの生放送終了後、9時に表に出る。なるほど、お巡りさんが多い。麹町駅まで歩いていると、新宿方面からサイドカーの付いた黒塗りのバイクが数台走ってきた。サイドカー……なんて「おとこのこ心」をくすぐる乗り物なんだろう。41年生きてきて、いまだに乗ったことがない。ここまで乗らずにきてしまったのだからもう一生乗ることはないんだろうな……。

帰宅。明日11日から10日間の地方公演だ。ラジオはレギュラーなので仕方ないが、今日は1日仕事を入れずに空けておいた。ゆっくり休む。午前中はとりあえず仮眠。午後起床。子供たちは学校の上履きを洗っていた。ああ、天気はいいのだな。テレビをつけると15時からのパレードに向けて各局特番。サッカー中継の局もある。ただＥテレでは14時からいつもと変わらず「日本の話芸」という落語中継番組だった。

流れているのは昔昔亭桃太郎師匠の新作落語「結婚相談所」。安定のナンセンス落語。私

【パレード】２０１９年11月10日、天皇陛下の即位を祝うパレード「祝賀御列の儀」が都内で行われた。パレードの合間の皇后・雅子さまの涙を拭う御様子が国民の感動を呼んだ。

は桃太郎師匠の噺が大好きだ。痛風で身動きがとれない時、桃太郎師匠の落語をヘッドホンで聴くのがなによりの痛み止めになった。魅惑のボソボソボイスが未知への領域にいざなってくれる。かなりヤバいクスリだ。ニヤニヤヨダレを垂らしながら観ていると、噺の終盤に桃太郎師匠はおもむろにサングラスをかけ、ハンドマイクで石原裕次郎の『嵐を呼ぶ男』を歌い始めた。もうダメ。最高……身悶えてるうちに噺は唐突に終わり、パレードまで30分を切っていた。

チャンネルを変えるとカウントダウンの表示のスーパーが出ている。パレードって「せーのドン」で始まるものなんだろうか？　多少のズレはありそうだが。天皇陛下の同級生がコメントをしている。陛下と比べるとかなり年嵩に見える。してみると陛下は若々しい。楽隊の行進曲にのってパレードが始まった。甥っ子が自衛隊の音楽隊にいるので「あいつもそのうちこういう場所で演奏するのかな」とか思いながら眺めてると、画面には朝見たばかりのサイドカー。おー、こういう衣装で運転するのか！　カッコいい！

「おーい、パレードやってるぞー！」と声をかけたが、長男次男はマンガを読み耽っている。末の娘は学校の校庭開放に遊びに行くと言う。「じゃ、パパも行くかなー」「へー、別に来てもいいよー」だって。近所の子供たちと皆で「しりとりバスケット」なる遊びをする。順番にシュートする際にしりとりで言葉を叫ぶだけの遊び。「しりとり！」「りんご！」「御即位！」「イカ！」みたいに。これでも中学時代はバスケ部だ。ポンポン決めたら娘に「パパはバスケ上手すぎる！」と褒められた。

令和元年11月10日はなかなかに良き日でありました。

（2019年12月6日号）

ねずみ

千葉に生まれ、千葉に育ったのに、初めて「夢の国」に行ったのは28のとき。子供もできたし、そろそろ「世界一好感度の高いねずみ」に会いに行くのもよかろうと。くたびれた。並び疲れた。人の多さに酔った。楽しくないわけではない。楽しかった……ような気はする。ただ私は月一の勉強会の直前だった。若手落語家が「ネタ下ろしを気にしながら」行く所ではない。

ねずみもアヒルも犬人間も黄色いクマもみんな一生懸命に愛敬を振りまいてくれる。彼らだって気分の乗らないときもあるだろう。それを決して表には出さず、客のご機嫌をうかがうプロ意識。嫌な客を前にするとすぐに顔に出てしまう自分が情けない。それに彼らは表情は変わらなくとも、身体の動きだけで十分すぎるほどその感情を伝えてくる。身体を使った間の取り方も絶妙。声は出さずともしゃべる以上に表情豊かだ。……俺はこんな所で遊んでいていいのか？　すぐにでもうちに帰って落語の稽古をするべきではないか？　夢の国の住人たちを自分と同じエンターテイナーとして見てしまって「夢の国」に入り込めない。そう、アイツらはライバルなんだ。ちなみにネタ下ろしは失敗に終わった。

5歳のとき、近所の原っぱで刑泥(けいどろ)をしていると、黒くて丸い「耳」を付けたMくんが駆け寄ってきて「日曜に家族で行ってきた！」と言う。「舞浜っていうところにあるんだ。ホントは千葉！」とM。そうなのか。「東京」というから上野か日暮里にあるのかと思ってた。その頃私が行ったことのある東京は、東武野田線〜常磐線ユーザーの「関所」たる上野と日暮里のみ。

「俺さー、怖くて、気持ち悪くなって、降りたらゲボ吐いちゃった」。なんでも『宇宙山』的な名前の乗り物がたいそうなスピードで、Mは恐怖のあまり嘔吐したそうだ。「でもスゲー楽しかったー！」。公衆の面前でもどすほどの恐ろしい場所を「楽しい」とはどういうことだ？　怖さでいえば清水公園（@野田市）のアスレチックコースの「アリ地獄」だって負けてないぞ。巨大なすり鉢型の遊具で、下に落ちないようにただアリ地獄の内周をぐるぐるぐるぐる走り続けるだけだが、「全然別モノ！」とMに鼻で笑われた。Mはその場にいた友達に「付けてみ！」とねずみの「耳」を回し始めた。私も付けてみた。なぜか皆、爆笑。ふざけんな。あんなものが似合うのは本家だけだろうが。

たしか、保育園のとき、あのねずみの絵の描かれたお弁当箱を使っていた。こないだ実家に帰って弁当箱を見たら、黄色いコスチュームとマントに身を包み筋肉ムキムキのねずみ……ん？　アルファベットで「MIGHTY　MOUSE」……。似て非なるキャラクターじゃないか。私はそれを『ミッキーのお弁当箱』と呼んでいた。

通算3回「夢の国」に行ったが、私のおすすめのアトラクションは「魅惑のチキルーム」。ここはいつでも待たずに入れる。鳥たちはいつも一生懸命に歌っているのに人気無さげ。私はそれを「俺だったらこうやるのにな」と同じプロの目線で見つめる。おい、鳥。お前たちも俺のライバルだぞ。頑張ろうぜ、ねずみに負けんなよ。決めた。今年の目標は「ねずみに追いつけ追い越せ」だ。チュー。

（2020年1月17日号）

大人

大人と書いて「たいじん」。『徳の高い立派な人』という意味だ。いわゆる「おとな」よりワンランクいや、それ以上の存在。「大人（おとな）」になって22年になるが、そろそろ「大人（たいじん）」と言われて良いのではないか、俺。後輩と地方の仕事に行く時など、ふと己の「大人（たいじん）」ぶりに気づきがち。

まず集合時間。私は必ず5分キッカリ、遅れて行くようにしている。デキる後輩は15分前には着いてるものだ。でもたまに「ピッタリに行けばいいや」と思ってる奴がいる。そこで私が時間ピッタリに着いてしまっては気まずい空気になるだろう。「オイ、もうちょっと早く来てろよな！」と小言のひとつも言いたくなるところだが、そんなことで怒って「なんて小さいヤツだ」なんて思われるのも癪だからジッと我慢。その我慢のストレスを考えれば、私がわざと5分遅れて行くのがベストじゃないか？　そうだろ、みんな。

タクシーに乗るよね。まれに運転手さんが失礼な人でも「大人」は黙して語らずだ。支払いしても「ありがとうございます」も言わない。トランクを開けても荷物を取り出そうという素振りも見せず「早く行けよ」とばかりの様子の運転手さんなら、「大人」もカチンとくるよね。当てつけにトランクの蓋を「バーン！」と思い切り閉める……のは3年前にもうやめたよ。今は逆にゆるーくふんわり、なんなら閉まらなくてもいいよ、と撫でるように。後のことはわからない。「パカパカしながら走りやがれ！」と思うけど、ちょっと怖くなってやっぱり二度閉めするよ。大人は安全第一だから。そうだろ、みんな。

数人で一部屋の楽屋だった場合。一番上が奥のスペースを使うのが普通だが、私は奥から2番目くらいのところに座る。2番目っていうのが、ふんぞりかえってもなく、へりくだってもなく、ちょうどいい。色紙の寄せ書きを頼まれても同じだよ。私が真ん中にデーンっと書くのが収まりがいい。でも敢えて左下に書く。すると後輩たちは、たいてい右下、右上、左上の順に円を描くように書いていく。みな気を使って真ん中には書かない。そしたら「〇〇落語会」とイベントの名称と日付を書けば収まりがいいじゃないか。でもたまにもののわからない後輩が、楽屋の一番奥に陣取ったり色紙のど真ん中にサインしたりすることも。そういう時は大人はわざと下手に座ったり、隅に小さく書き込んだりして寂しげにそいつを見つめるよ。大人は後輩が察してくれるのを、ただ待つ。下を育てるとは、そういうことだ。そうだろ、みんな。

ビジネスホテルに宿泊する際は、必ず有料ビデオカード代として後輩に千円渡す。今はスマホがあれば旅先のエロは十分……くらいのことは私だってわかってる。でも渡す。何に使ったっていい。それが大人の嗜みってやつだ。ただ翌朝、ペイテレビの感想を事細かに伝えてくる後輩がいる。面倒くせえなぁと思いつつ、そんな奴は大好きだよ。同じの観てたらけっこう盛り上がる。そうだろ、みんな。

私が「大人(たいじん)が過ぎる」要素はまだまだたくさん。例えば「朝食ビュッフェでの唐揚げは1個まで」「自宅では座ってオシッコ」などなど。出先のトイレで座って出来たらもう完璧な「大人」だ。でもビュッフェでのデザート代わりの朝カレーはやめられない。そうだろ、みんな。

(2020年1月24日号)

ピンチ　1月5日。午後0時20分。某寄席の楽屋入り。私は楽屋に入ると、まず上は素肌に木綿の真っ白な肌襦袢、下はトランクスのうえに白いステテコ姿になる。出来れば楽な格好で楽屋に居たいのだ。次に髭を剃り、歯磨きだ。はしたないが、その日は楽屋のトイレで小用を足しながら歯ブラシを咥えた。その楽屋のトイレは扉を開けるとすぐ左に手洗い場、その脇に小便器、突き当たりに個室がある。3畳くらいのスペースで使用できるのは一人だけ。

10畳と6畳の二間きりの楽屋は、みんなの共用で前座さんが忙しく働いている。独りになれるのはトイレだけである。我々はトイレを「はばかり」と言う。どんなに若い前座も「はばかり」。まさに私は「世をはばかって」歯を磨き、出番に備えていた。

歯ブラシの振動のせいか、下腹部がむずむずし始めた。便意・尿意という言葉があるなら「屁意」があってもいい。派手な音はしなさそうだ。勘でわかる。歯を磨きながら、私は何の気無しに括約筋を緩めてみた。

「……あっっっ！　あれ？　あ！　おいっ!?　まさかっ!?　マジかっ!?……あちゃーーーーっ!!」。状況はおわかり頂けるだろうか？　そう。屁は別の仲間も連れて娑婆へやってきた。モノ凄くタチの悪い仲間だ。「35を過ぎると年2回のペースでそういう『ピンチ』がやってくる」とある先輩が言っていたが、やはり昨日の深酒が祟ったか……。

とにかく個室へ入りパンツとステテコをチェックする。「駄目だこりゃ……」。衝撃のあまり、思わず口からも心の叫びが洩れてしまった。パンツは紺色。◯ニクロのエア◯ズムだ。とにかく洗おう。洗えばなんとかなる。洗い場で液体石鹸をガンガン付けて洗う。絞る。洗う。絞る。たまに嗅ぐ……を繰り返す。「体温で乾くだろう」とはいてみる。当たり前だが冷たい、が替わりのパンツなど持ち合わせてないから仕方ない。「問題はコイツだ……」。純白だったステテコは、中央部にウコン色のチリ共和国。周りに佐渡島、淡路島、対馬、島島島……。肌襦袢は無事だった。とりあえずステテコを丸めて、トイレからパンイチで脱出。

　誰にも見つからないようにビニール袋にステテコを放り込んでカバンの奥にしまう。パンイチで肌襦袢一枚の真打ちがウロウロしていると前座さんも不思議に思うはず。そこは「着替える途中に物思いに耽る態」で腰を浮かし気味に座り、中空を見つめていると、向かいに居る金馬師匠が「どうしてキミはパンツ一丁なの？」と聞いてきた。

　この際、もう言っちゃったほうが気が楽だ。うんこタレと思われてもいいじゃない、人間だもの。40過ぎだもの。「……へへ、実はですね……」と言いかけると、立前座（前座のリーダー）が「師匠もですか？」と申し訳なさげ。「何が？」「実はこないだ、◯◯師匠が……」。え？　◯◯師匠も脱……。「洗浄便座の誤作動で下半身ビショビショで出てこられたんです。修理したはずなんですが……」

　口をついて出たのは「……もう一度、業者呼んだほうがいいんじゃないかな？」。うちに帰ってステテコを漂白剤に浸けていると己の情けなさが身に染みた。2月に入ったからもういいだろう。そのときの前座さん、ごめん。俺は小さい人間だ。

（2020年2月21日号）

けじめ

3月某日。朝から昼過ぎまで、ぼんやり寝巻き姿でいた。仕事が立て込んでいる最中のたまの休日なら、こんな嬉しいことはないのだが、全然心弾まないよ。コロナの野郎のせいで、こちとらおまんま食い上げだ。

休校中、テレビでユーチューブのゲーム実況ばかり見ている我が家の子どもたち。「休みだからってダラダラしてたらダメだ！　目的をもって有意義な毎日を過ごすように！　わかったかーっ！」とハッパを掛けてみた。「どの口が言うか？」という子どもたちの六つの瞳が私を射ぬく。ゲーム実況のユーチューバーは人を馬鹿にしたような甲高い声で「アウトーっ!!」とタイミングよく叫んだ。

時刻は12時30分。頭の中で1984年の近藤真彦が「けーじーめー！　けじめなーさいー、あーなーたーっ！」と熱唱している。わかったよ。着替えるよ。けじめるよ！　そもそも「けじめなさい」ってなんだよ？　マッチしか言わないし、それ。

人を小馬鹿にしたような雲一つない晴天。今日の私の任務は洗濯のみだ。色柄物と白い物の2度に分けて洗濯するのが我が家のルールだが、普段の私は「この柄物はもうずいぶんくたびれてきたから色落ちすることはなかろう」とヨレヨレの柄シャツを白チームに放り込みがち。

でも今日の私には時間がある。あり余っている。青空の下、己に厳しくいきたい。厳格厳密に色柄物と無地白物を分けていく。そのうちにカミさんのベージュの長袖エアリズムを手に取った。「どっちだ……?」。いつもなら「どちらでも可」。でもこいつには確実に色が付いている。色柄物。でもだいぶくたびれていて白くはないが白く見えないこともない。正直「どちらでもいい存在」。しばらく、青空に透かして見てみた。なぜなら私には時間がある……。

「こりゃCチーム結成すべし」。どちらでもいい奴らを集めると第三勢力が誕生した。ベージュのようなクリーム色のような、白のような、ハッキリしない奴らを洗濯し、干し上げる。ハッキリしない連中も春風に揺られ、それなりに気分が良さげ。

居間に戻りテレビをつけるとコロナのニュースばかりで気が滅入る。ちょっと前までは芸能人のゴシップ花盛りだったのに、ふぅ。スマホを開く。知り合いが映画のイベント後の会見でスキャンダルの謝罪をしていた。

記者「奥さんとお相手のどちらが好きですかー?」。なんだその質問は? バカのふりしてるのか、もしくは子供新聞のこども記者? しばらく考えた後、「妻を傷つけることになるのでお答えできません」。そらそうだ。「もちろん妻です」なんて言えないよ、こんなところでな。それでいいと思うな。これ聞いて「やっぱり不倫相手が好きなんだー、やーいやーい」なんて喜んでるおバカさんはつまんないユーチューブでも開設して、登録者が実家の母だけという底抜けの哀しさを味わいなさい。

そんなことを思いながら、洗濯物を取り込みにベランダへ。おやおや、もう「Cチーム」は乾いたようだ。そうか、くたびれて生地が薄くなっているから乾きも速いとみえる。

気づくと私はまだパジャマのままだった。子どもたちが昼飯に焼きそばを作れとせがんでくる。わかってる。休日の焼きそばは、なんか美味しいよな。

（2020年4月10日号）

東京都民

1997年、19歳。大学入学のために上京し、『東京都民』になった。住んだのは豊島区の外れの静かな住宅地で、高い建物もなく「東京」というかんじはまるでしない。池袋からたった2駅なのに、表にはおじいさんとおばあさんしか歩いていなかった。2日目にしてヤクザ紛いの新聞の勧誘に辟易した。朝日新聞だったのはここだけの話。3カ月とらされた。

道一本挟んで、練馬区だった。大学は練馬にあったので歩いて通う。入学式へ行くも、持ち前の人見知りのせいで同級生の話し相手がまるで出来ずじまい。

苦し紛れに落語研究会に入ったら、その年の1年生は私一人だった。先輩が「日曜日にみんなで『としまえん』に行くぞ」と言う。「みんなの弁当はキミが作ってきてね」とも言われた。部員は10名だ。仕方ないので当日の朝、塩むすびを山ほどこさえて、市販の野沢菜の漬物を添えた。『としまえん』は豊島区でなく練馬にあった。嘘つき。いい年した大学生がとしまえんのメリーゴーランドに跨ってキャーキャー。こんなことするために東京来たんじゃないのだが……。

おにぎりの山を見て「おかずはないの?」と先輩が聞いた。「オレたちは山下清か? こんなにおむすびばかり握ってきやがって」「野沢菜ならありますよ」「漬物はおかずじゃないだろう? ウィンナーとか玉子焼きとかさ!」。「そこはひと工夫だろ」とある先輩。「ぼ、ぼ、ぼくはおむすびが、す、す、好きなんだな」と『裸の大将』の真似をしながらおにぎりを口に放り込んでいく。みんなも真似して「ぼ、ぼ、ぼ……」。あっという間に完食。ひとしきり和んでからもう一回乗ったメリーゴーランドはさっきより楽しかった。

先輩から「これを必ず読むように」と藤子不二雄Ⓐの『まんが道』を渡された。また数日後、「読んだら行くぞ」と連れていかれたのが、一軒のごく普通のラーメン屋。「あの『松葉』じゃないですか!!」。松葉とは『まんが道』に出てくる、漫画家が通った伝説のラーメン屋だ。

ラーメンを二つ。先輩が一箸すすって、かなりのボリュームで「ンマーイ！」と叫んだ。店の主人も「また始まったか、やれやれ」みたいな顔をしている。「ほら、お前も！『ンマーイ！』って言えよっ‼」「いやですよ。恥ずかしい」「大丈夫だよ！　ほらっ！『松葉』のラーメン食ったら『ンマーイ！』って言わなきゃっ！」

仕方なく、小声で言ったら「そんなんじゃいい漫画は描けないぞ！」と小言。なぜ？　その足でトキワ荘の跡地へ行き、二人で「もう一回『松葉』行こう！」。なんでだよ？　と思ったが、先輩の奢りなので黙って従う。チャーハンを食べ、さっきよりは大きな声で「ンマーイ！」と言えた。

あの頃、西武池袋線という地味な路線の椎名町〜豊島園というたった6駅の間で生きていた。

今年の夏『トキワ荘マンガミュージアム』がオープンして嬉しくもあり、まもなく『としまえん』が閉園することになり寂しくもあり。実はいまだにその辺りに住んでいるのだけれど。

（2020年8月28日号）

旅行

大学4年の時、友人Kと「あてのない旅をしよう」ということになった。「棒の倒れたほうに行く」ルールで、池袋東口のドトールコーヒー前からスタート。とりあえずドトールのまわりを3周した後、西武池袋線池袋駅改札へ。「とりあえず終点かな」と西武秩父駅までの切符を購入。各駅停車に乗る。車中を寝て過ごし、西武秩父駅下車。棒の指し示す方向にとにかく歩く。曲がり角や交差点ではとりあえず、棒。1時間も歩いたか。さっきから100メートルのあいだを行ったり来たりしていることに気づく二人。「このままだと俺たちバターになっちゃうよ」なんてなことを言いながら、手心を加えて棒を倒す。山道に出た。

一本道をひた歩く。昼飯も食べずにてくてく。話すことも無くなってくる。足が痛い。腹が減る。日が暮れかかってきた。「もう限界だよ」「どこかに休むところはないかな」「わーっ!!」。Kが何かに気づいた。

見ると、外灯にボロボロのテディベアが紐でグルグル巻きに結わえ付けられていた。首から「高橋」と書かれた札をぶら下げている。明かりに浮かび上がる苦悶の表情。「手を繋いでいい?」「オレも言おうと思ってた」。二十歳回った男が二人、手を繋ぎ目をつぶってその場を通り抜ける。怖くてしばらく無言で歩き続けたら、辺りは真っ暗。外灯もなくなった。完全に道に迷ったようだ。とにかく腹が減った。

「どうしたのー? こんなとこでー?」。間の抜けた高い声。手拭いでほっかむりしたお婆さんが呼びかけてきた。二人顔を見合わせて「女神だ」と呟く。初井言栄似の女神は「おむすびでも食べてくかい?」と家に招いてくれた。「とりあえず、お茶とお漬物ね」。生き返った。緑茶と大根の漬物がこんなに美味いとは！　「おまちどおさま！」。おむすびが六つ。朝から何も食べてなかった二人はペロリと平らげた。「お代わりかねえ」。女神が台所へ。今度は八つのおむすび。特大のヤツだ。頑張って口に放り込む。「食べるねえ！」。女神が再び台所へ。止めなければ!!　もう無理。しばらくしてまた六つのおむすび……。

Kが言った。「こんなにおにぎりばかり……無理ですよ」。ちょっとキレ気味に。こいつはなにを言ってるんだろう。現代っ子か!?　女神はイラッともせずに「これは気がつかんで……ちょっくら唐揚げでもこさえような……」と立ち上がろうとしたので必死で止めた。「いえ！　もう十分頂きましたので！　ホントご馳走様でした!!」

私はこれ以上ないくらいの最敬礼をして女神の家を出た。「失礼だろ！」。たしなめるとKは「あれは妖怪だよ。お婆さんのカタチをした『おもてなし』だ。妖怪おもてなし。ほっとくと調子に乗っていくらでも出てくるぞ」。

その後、適当な民宿に素泊まりし、特別面白いことはなかった。私は如才なく『おもてなし』の住所を控えておいたので後日、御礼状を書いた。すると速達で返事が来て、なかにはKの無礼を糾弾する怒りの文言が殴り書きで綴られていた。差出人を見ると「高橋◯◯」としてあった。秋がくると毎年思い出す。

（２０２０年10月9日号）

15年くらい前のこと。石川県の方からメールで仕事の依頼がきた。初めての俳句方である。

・生で若手の落語が聴きたい。

・でもギャラはそんなにたくさん出せない。

その頃は上の子どもが出来てすぐ。食うために薄利多売で何処へでも。五七五で言ってみた。

小松空港に迎えに来た人の良さそうなおじさん。「Mさん」とする。助手席に乗せられ、高速にのる。無口な人で会話が弾まない。しばらく無言だったMさんが「この先に面白い看板があるんですわ」と言った。「『美川 県一の町』ですか？」とつい返してしまった私。小松空港からの旅のお約束である。今はその看板はもうないようだけど。「……」。自ら会話の流れを堰き止めてしまった。沈黙は続く。

松任市（現・白山市）。初めて来た。石川つながりで「そういえば『加賀の千代』って落語がありますよ」と苦し紛れに振ると、Mさんは驚いた顔で「ホントですか!? 会場はお千代さんの所縁の寺が近所なんです！」。この辺りじゃ「加賀の千代」は島倉感覚のようだ。「その噺、やって頂けませんか!?」「別にいいですけど」と流れ上、安請け合い。

この『加賀の千代』、そんなに面白くない。金に困った亭主が御隠居さんに無心にいく……だけの噺。「昔、加賀の千代女が詠んだ句に『朝顔や　釣瓶とられて　もらい水』ってのがあるの。朝顔を可愛がって井戸で水を汲まずに近所にもらい水に行った千代さんみたいに、御隠居さんはお前さんを可愛がってるからお金貸してくれるよ。行っといで！」とカミさんに送り出されるボンヤリ亭主。内容はこれだけ。しかも私は覚えたて。大丈夫か？

とりあえず、お寺にお参り。お千代さんの碑があった。ほとんど覚えてないけど、なんかあった。いざ、落語会が始まる。まずはMさんの挨拶。

「今日は一之輔さんにご当地にまつわる『加賀の千代』という爆笑落語をご披露して頂きます！」。『爆笑落語』？　いつそんなこと言った？「あんまり笑うところないですけど」ってあれだけ予防線張ってたのに、軽々飛び越えてきたMさん。

「大喝采↓笑↓小笑↓沈黙↓沈黙↓沈黙↓かしわで」。ざっと20分の流れはこんなかんじ。特に最後の沈黙はオチ。「隠居さん、私は朝顔みたいに可愛いですかね。『朝顔や釣瓶とられて〜』だそうです」「それは『加賀の千代』だ」「いや、『カカァの知恵』です」。お客全員の頭上に『ポカーン』という字が見えた後に、かしわでのような拍手。「ありがとうございました。えー、いかがでしたか。次回おいで頂く際にはもっと笑いの多い落語をお願いしましょう」とMさん。オレ、言ったよね……。

あれから15年。今では私『加賀の千代』を意外と得意ネタにしている。今年の正月のNHK寄席中継でやってみたら、Mさんからメールが届いた。「ご無沙汰しています。NHK拝見しました。『加賀の千代』という落語があるのですね。驚きました。是非今度生で聴かせてください！」

あのときの『加賀の千代』無かったことになっているのか？　はたまた……。いまちょっと返信に困っている。

（2021年3月26日号）

入学式

先日、長男（高1）の入学式があった。その日はスケジュールを空けて出席。入学式くらいは出ておかないと肩身が狭いし、第一、まくらやこのコラムのネタ探しにもなるので参加しない手はない。

式はコロナ対策で「保護者は1名のみ」。久しぶりに二人でおもてを歩く。私「雨だなぁ」長男「だねぇ」……終了。チーン。学校に着いてもないのに会話のネタ切れ。

学校に着くと「入学式」と書かれた看板の前に記念撮影の長蛇の列。「……撮る？」「べつにいいや」「だよな」。似た者親子で良かった。男子高。保護者はお母さんが多い。母と息子のペアは浮足立って見えるが、父と息子は間を持て余し気味に、さっさと受付へ。「保護者の方は教室でモニターでの参加となります」。密を避けるために親子別々とな。生徒は講堂へ。「しっかりな」「はいよ」と別れる。

教室へ案内され保護者がバラバラに座る。中高一貫校なので中学入試の付き添い、その入学式、中1の文化祭と過去3度この校舎に来たことがある。そうそう、入試の最中、保護者は学食で待たされたのだった。4時間あまり、コラムの原稿をガラホに向かって書いたっけ。3年以上前だ。あの日もたしか雨だったはず。

開会まで暫くあるので、ノートにネタになりそうなことを綴る。「会話がもたない」「写真要らない」「ただただ手持ち無沙汰」「雨」「眠い、ひたすらに」とメモした。

モニターに講堂の画像が映し出された。司会の先生が新入生に起立と礼の練習をさせている。そこから吹さんでもよいのでは。「その調子でよろしく!」と先生。テレビの公開収録のADみたい。入学式が始まった。

特別変わったことのない入学式。ただ、式のあいだ新入生の様子を正面からなめるように撮影。保護者は生でそれを観る。入学式を正面から観ることは今までなかったな。我が子は映るだろうか? 目を凝らして観るが、学ラン、メガネ、同じような髪形でよく分からない。ん? ぽいのが居たが……自信が無い。真ん前に丸坊主の子。その子に気を取られているうちに一瞬でフレームアウト。んー。

終了。あっけない。校門脇で待っていると、友達と出てきた。「Aくん？　お世話になってます。父です」「こちらこそお世話になってます」「二人で写真でも撮る？」と言って、空いてるところに二人を並べて撮影。表情がぎこちない。「息子通じて送るね」「ありがとうございます」。駅までの道のり、二人は勉強のことやら、部活のことやら話しながら。私はどこで昼飯にするかを考えながら。

「Aくんも一緒にごはん行く？」と誘おうかと思ったが、先方も都合があろうと躊躇（ちゅうちょ）して、二人で駅前のファミレスへ。無言で注文を待つ間、「席、坊主頭の子の後ろだったか？」と聞くと「よくわかったね（笑）」だと。「まあ、なんとなくです（照）」と私。

ネタになるようなことは何も無かったが、長男と二人きりで飯を食ったのは中学の入試以来か。3カ月くらいに感じるあっという間の3年。「ごちそうさまでした」と息子、「どういたしまして」と私。二人でぼんやり家路についた。そんな入学式。

（2021年4月30日号）

ゴルフ

松山英樹選手、マスターズ優勝おめでとうございます。『青空球児・好児に新メンバー加入！』のニュースかと勘違いしてしまうほどの鮮やかなグリーンジャケットでしたね。ゲロゲーロ。

ゴルフは過去一度だけやったことがあります。しかも海外。タイですよ、タイ。9年前にタイで仕事。主催者に「タイに行ったらゴルフしましょう」と誘われ、念のため日本で打ちっぱなしで一回だけレッスンを受け、その3日後に初めてコースに出ました。暑かったなぁ。4月のタイは40度超え。でも風が吹き抜けてメチャメチャ気持ちいい。『コブラに注意！』という看板もイカしてます！　タイでゴルフ、最高！

人生初ゴルフの記念すべき、第1打。前方左手に大きな岩がありました。ドライバーを振り下ろすとボールが岩にぶつかって跳ね返り、スタート地点よりはるか後ろに飛んでいきました。ゴルフってそんなことよくあるんですかね？　現地のキャディーさんが手を叩いて笑ってました。忘れもしない、寺島しのぶさんそっくりなキャディー。

とにかく真っ直ぐ飛ばんのです。右へ左へ。その都度しのぶが走っていって、ボールをフェアウェーに「テーイっ！」と投げ入れてくれます。親切ですね、しのぶ。「イーノ、イーノっ！　ダイジョーブヨーっ！」としのぶ。「チップあげなきゃダメですよ」と同行者に促されるまま、私のバーツがしのぶに吸い上げられていきました。

ボールを捜してると、足元にワニが!!　「ギャー、ワニっ!!」と叫ぶと「ワニジャナイヨ。

オオキイトカゲネ」としのぶ。1メートルくらいあるミズトカゲだそうです。よくいるんだってさ。しのぶが追っ払うと池のほうへ駆け出して、悠々と泳いでいきました。ワイルドライフ！

よく見ると池の真ん中に人間の生首が浮いています。「……しのぶ、あれは何!?」と聞けば「コドモノアタマ！」。マジか……。あ、消えた。あ、また出た。消えた。あ、違うところから現れた。また引っ込んだ。「キンジョノコドモ、イケノナカノボールヒロッテ、ウッテルノ！」……なるほど。おー、見ると子供が数人フェンスを乗り越えて走り去っていきます。逞しいやね。

「スコア、今いくつ？」「フフ、ナイショ」とニヤニヤしのぶ。どうやっても真っ直ぐ飛ばない私に、業を煮やしたしのぶが「キンタマーニ、チカライレテ、ウッテミ！」と叫びました。「金玉に力を入れて打て」。自分は力入れたこともないくせに勝手なことを……。なんとなく下腹部から尻の穴あたりに力を入れるような心持ちでクラブを振ると……スコーン！真っ直ぐ飛んだ！……スゴイな、しのぶ。「フフフ、ナンデモ、キンタマ、ダイジョ」「ホントだね！キンタマだね！」。青空の下、「金玉金玉」と笑い合うヘタクソとしのぶ。

結局スコアは「230クライ」でした。しのぶいわく「ダイブオマケシタ（笑）」。スコアはともかくタイの日差しの下で飲むシンハービールは美味かった。あれからゴルフは一度もやってないけど、大切な時は「キンタマニチカラ」を入れるようにしています。

（2021年5月21日号）

通販

お昼のラジオの『通販』のコーナー。いわゆるラジオショッピング。ネット通販全盛のご時世に「ラジオを聴き商品が気に入ったら電話をかけて購入する」というのはかなり前時代的なのに、いまだに需要があるというのが面白い。

在京の某番組。その日は『お喋りAIワンちゃん（仮）』的な商品を紹介していた。「話しかけるとAIによって1万通りの返事をしてくれる犬のぬいぐるみ」だそうだ。プレゼンターがノリノリで紹介するものの、話しかけても「おはよう」と「元気出してね」しか喋らない。スタジオ内は若干の沈黙。「……あとはお買い求め頂いてからのお楽しみ……」とお茶を濁すと「ワンワンワンワンワン……！」と鳴きやまなくなってしまった。鳴き声がフェイドアウトしていったのは、スタジオの外に連れていかれたからだろうか。それくらいのほうがホンモノっぽい。さすがAI。

昔、大沢悠里さんの番組ではゲストもラジオショッピングに参加していた。食品ならゲストが試食。聴いてると実に美味そうで購買欲が湧く。私がゲストで呼ばれた時の商品は『介護用便座』。食えない。悠里さんに「ちょっと腰を掛けてみて」と促され、私は便座に座った。

「いかがですか？」と悠里さん。便座上から大沢悠里を見上げたのは私ぐらいだろうな……と思いながら「うちにも欲しいなあ（棒）」と応えておいた。

かくいう私も週一ではあるがワイド番組で商品をオススメしている。アナウンサーさんのリードに相槌を打つだけなのだが、これが難しい。スタジオの向こうではスポンサーの眼光鋭く、かなりのプレッシャーなのだ。

たまに『純金製大判小判』なんて高額商品がやってくる。なんでも投資目的で購入するらしい。己の実生活とあまりにかけ離れていて、本番で思わず「誰が買うんだろう」と呟いてしまったら、案の定「それはちょっと」と注意1。『白髪染めクリーム』のときは「嫌な臭いがしない」という触れ込みだったが、臭いをかいで「くさっ……あ……くないっ!!」で、注意2。『カズノコ醤油漬』のときは美味し過ぎて延々と「ポリポリポリポリポリ……」。「喋ってください（笑）」とふられ「尿酸値上がっちゃう!!」と言ったら睨まれた。すぐさま「……くらい美味しいっ!!」と褒めたら「手遅れでーす」というディレクターさんからの一声。これからの商品リストには『読経してくれるお坊さん人形（仮）』というのがあった。1体1万円。スイッチひとつでデジタル音声の般若心経が流れてくるらしい。「これに需要が？」と思ってしまったが、けっこう売れるらしく、坊主人形侮りがたし。

大阪の某番組では○○という健康食品を頻繁に紹介していて、某パーソナリティーは番組内でその商品を持ち上げまくる。とても勉強になる。その日、『紀州のドン・ファン』の元妻が逮捕されたニュース中のこと。「精力絶倫な『ドン・ファン』ですからねぇ、◯◯も使てたんやないかな」みたいなことを、ラジオショッピングでもないのに無理やりねじ込んでいた。スポンサーはどんな思いで聴いてただろう。浜◯淳先生に向かう所敵なし。

（２０２１年5月28日号）

パン

食パンが流行っている。食パンを買うためにみな並んでいる。食糧難でもないのに。お土産に、ご進物に、おつかいものに高級食パン。ほんのり甘みがあるらしい。甘いパン？　甘食か？　「甘食（あましょく）」とはアダムスキー型ＵＦＯを横に半分にしたような、硬いマドレーヌみたいな味のパン。西日本の方には馴染みがないらしいが、私の子供の頃のご馳走だった。

どうやら甘食ではないらしい。当たり前か。実は先日、その高級食パンとやらを楽屋見舞いで頂いた。甘食のほうが嬉しいなと思いつつ食べてみる……あ、美味い。悔しいかな、甘食とは次元が違う。しっとりとして、噂のとおり上品な甘み。滋味溢れた古老の噺家のような甘さ（甘食は「どーだ！　オレ甘ぇだろ!?」という昔売れた一発屋芸人のような甘さ）。

高級食パンはもう食パンではない（甘食もどうやらパンではないらしい）。高級食パンは持ち手があみ紐の高そうな紙袋に入っていた（甘食は「甘食　6個入り」と書かれた安っぽい袋に入っていた）。その紙袋を捨てられず、私はまだそれをお出かけ用に使っている（甘食の袋は母が台所で生ゴミを入れるのに使っていた）。

思い返せば、子供の頃。私は牛乳に砂糖を溶かして、そこへ8枚切りの薄い食パンをちぎってヒタヒタにして食べるのも大好きだった。甘食がないときは、これ。もし、今流行りの高級食パンを牛乳に浸したら「そんなことしたらパンの神様のバチが当たるべ！」と村の長老が怒るだろうな。……誰だよ、長老って。

今、『ベーカリープロデューサー』なる人物が話題だ。最近街中で見かける奇抜な看板を掲げたパン屋、それがその人のプロデュースらしい。どんな人かと画像検索してみたら、派手な格好でサングラスに山高帽。なんだ、この既視感は。まるでプロレスの悪徳マネージャーだ。往年の将軍KYワカマツ（覆面レスラー・ストロングマシーンのマネージャー、現芦別市議）みたい！　凄くいい！　こうでなくちゃっ!!　右手にムチ、左手に拡声器。ベーカリープロデューサーはきっと店内を大声でアジりながら、新規のパン屋にどんどんパンを焼かせるのだろう。そしてドンドン増殖しつづけるマシーン軍団（パン屋）。また増えた！　また新しいのを連れてきた！　マスク一枚ワンショルダーのタイツ（独特なネーミングのその看板）をまとっただけで、誰でもマシーン軍団（奇抜なパン屋軍団）の仲間入りだ。子供たちは翌日学校で「また増えたねー、マシーン（パン屋）！」「アレ、中身だれだろうね!?」「こないだ潰れた角の金物屋さんじゃないかなー？」と盛り上がること間違いなし。まさにパン界の「戦う金太郎飴集団」に「地獄のお茶の水博士・悪の正太郎君」……「そんなことしてると猪木が黙ってないべっ！」といとこのお兄ちゃんが言ってたな……。

子供の頃はプロレス（パン）のことを考えるだけで時間がドンドン経っていった。目の前には甘ーい牛乳と安い食パン。あれば甘食。そうだ、甘食を買いに行こう。一番安いやつ。

（2021年6月18日号）

お酒

コロナ禍でお酒を手銭で買うようになった。カチンとくる方が多いかもしれんので、まず謝ります。ごめんなさい。

落語家ってめちゃくちゃお酒を頂くのです。地方の落語会の後には「これ名物の地酒です」と手土産。盆暮れには私のような若造にも「いつもありがとう」とお酒が送られてきます。酒好きを公言してるとなおさら。差し入れや贈り物はお酒。だから世の中が平和なときは自腹で買わなくてもいい。それが落語家。

去年の今頃、そんな酒の溢れかえる我が家からとうとう酒瓶がなくなりました。仕事のキャンセルでお酒を頂くこともなく、ステイホーム中に宅飲みばかりしてたので需要と供給のバランスが釣り合ったかと思った途端に、需要だけがグーンと伸びまくり近くのスーパーにお酒を買いに行くハメに。コロナに負けた、って思いましたな。

話はそれますが、落語家には痛風持ちが多いです。急に寄席を休演する落語家は70％の確率で痛風の発作。そんな人に限って「尿酸値下げる薬飲めばいいんだけど、毎日飲むのがめんどくさくて～」だって。バカか?と言いたい！　大先輩であろうとも、そんな軟弱さんは酒などやめてしまえ！　毎朝1錠飲むだけで、痛風の発作の心配なく美味しくお酒が頂ける。楽しい晩酌がたった1粒の錠剤で保証されるんです。お酒好きなら飲むでしょ!?　薬が無くなったら病院で血液検査して「まぁ、薬のおかげで数値は低いけどお酒はほどほどに」と『消極的呑んでよし！』の太鼓判を先生からもらい、また60日分の薬で安全安心な呑兵衛ライフが送れるんです。それなのに発作を気にしながら呑んで、揚げ句の果てに正月から両足の激痛に耐えながら松葉杖で寄席に通うなんて……は◯治師匠！　酒呑みたかったら薬も飲んでくださいっ!!

またまた話は変わりますが、耳掃除のしすぎで左耳が外耳道炎というものになりました。そもそも耳垢は自然に外に出るらしい。医者に「お酒はダメ」と念を押され1週間我慢しました。家内に「あんなに呑んでたのによく辛抱できたわね」と言われましたが、左耳に水が入っている（ような）状態で呑んでもうまくありません。体調は万全で呑みたいのです。私は毎日美味しく呑むためなら、我慢も服薬もします（キッパリ）。

左耳が治り、1週間ぶりに宅飲みをしていると、なんだか左耳がムズムズしてきました。ここのところ耳かきをしていなかったので左耳が「かいてかいて」と悲鳴をあげています。……酔った勢い、右で間に合わせたのがいけなかったようです。右耳も外耳道炎になりました。「バカなのか？」と家内。お医者さんが「おかしいなぁ。左は治ったのに……。右耳、やってない？（疑）」「えー、はい、もちろん。なんでなんでしょうねぇ～（しれっと）」「……無理はダメですよ」と怒られました。また禁酒だそうです。

実は私はお酒と同じくらい耳かきが好き。耳掃除のせいで酒が呑めないなんて……。もうなんなの!? 酒が呑めない上に、自然に耳垢がこぼれ出る人生なんて考えられんわ。耳のムズムズに効く薬があったら毎日飲むよ、ホントに。

（２０２1年7月23日号）

パリ

『パリ』とは関わりの無い人生を過ごしてきた。ドイツのデュッセルドルフ、ベルギーのゲント、スペインのマドリード、フィンランドのヘルシンキ、スロバキアのブラチスラバ……など色んなところで落語をやったが、パリは未踏の地。「一度でいいからオラも行ってみてぇだよ！　花の都パリに！」と現地スタッフに言うと、たいがい「いやー、あそこは治安が良くねぇだ、恐ろしいとこだべ」と返される。なぜ訛ってるのかは置いといて、何となくそんなやりとりだったんだべ。

　私の周りに『パリ』っぽいモノはないかと探すと、カバンの中に楽屋のケータリングからかっぱらってきたお菓子が。ブルボンのルマンド。完全にフランス。完全にパリ。社名はフランスの名家『ブルボン』からとったんでしょう？（本当はコーヒーの産地『ブルボン島』からとったらしい）。『ルマンド』だってフランス語でなんとかって意味でしょう？（『ル・モンド』は仏語で「世界」の意味）。慌てて食べると歯肉に刺さりがちだし、ルマンド。口中の治安が悪くなりがち。幼い頃「こぼれるから気をつけて食べな」とお婆ちゃんがくれたルマンド。まだ生きてたらお婆ちゃんは「パリなんてそんなおっかねえとこ行くなよ、とし（私の本名）」と止めるだろう。

　行くなと言われると行きたくなるべさ、婆ちゃん。ちょっと気後れはするけどね。何しろ『花の都』『芸術の都』『メガネのパリーミキ』の『パリ』である。子供の頃、ＣＭで観ていた「♪メガネのパリ〜ミキ〜」。確か『パリー』って伸ばしてたけど、なぜ『パリー』？

【パリ】言わずとしれた花の都。フランスの首都。日本女性の永遠の憧れの地。２０２４年の夏季オリンピックはパリで開催される。

検索してみた。スマホ便利だね。ベンリー。「昭和5年、姫路に創業した正確堂時計店が前身。のちに眼鏡販売業『メガネの三城』となった」らしい。「以前は西日本では『メガネの三城』、東日本は『メガネのパリーミキ』としていたが、現在では『株式会社三城ホールディングス』となっている」らしい。待て。『正確堂時計店』⁉「時計が正確」！ センス抜群。なんてストレートで生真面目なネーミング。「初めての腕時計はやっぱり『正確堂』だな、母さん」と中1の息子の誕生日プレゼントを相談する夫婦が姫路には沢山居たろうな……調べてみると、墨田区、厚木、福岡、下妻、沖縄と日本中に『正確堂時計店』は何軒もあるじゃないですか⁉ 日本の時計、正確過ぎやしませんか。

ちなみに「メガネのパリーミキ」は1973年にパリに出店。ルマンドが発売されたのは74年。第1回サミットがフランスで開催されたのは75年。その3年後の78年に私は生まれた。中1の時、親にもらった腕時計（正確堂ではない）の文字盤には『Paris』と書いてあったが、ずっと「パリス」と読んでいて、友達に間違いを指摘された91年に「パリ和平協定」が結ばれカンボジア・ベトナム戦争が終結したそうだ。

ＮＨＫ「映像の世紀」では「パリ和平協定」しか取り上げられないだろうが、パリにまつわる私の精一杯を貴重な誌面を使ってお送りいたしました。「映像の世紀」テーマ曲『パリは燃えているか』にのせて……。

（2021年9月10日号）

やんちゃ

日ハムの中田翔選手が巨人へトレードされました。しかも無償です。これは巨人へのちょっと遅めの御中元かもしれませんね。ハムだし。

北海道は他の地域より御中元の時期が遅いらしいので、ギリギリ間に合ってよかった。

暴力は言語道断だけど、やんちゃな人って魅力的です。隣に住んでたらかなり面倒くさいけど、たまに見かけると「お。やってんねー！」と言いたくなる人っていますよね。

小5の時の隣のクラスの中田くん（仮）はそんなかんじ。勉強も運動も人並みです。家も中流。ただ虫歯だらけ。「歯を磨くくらいなら歯なんか要らない」と常々言ってました。いや、要るだろ。

「冬でも半袖短パン」。体操服が2枚しかないらしく、洗濯物が乾いてない時はランニングの下着。それでも寒くないようで「オレには秋と冬は無い」が口癖。

「木の棒を常に持ち歩く」。お気に入りのサイズの棒を刀のようにベルト通しに通して携帯してました。チャンバラごっこ、スカートめくり、マゴの手と色んな用途に使います。マジ

【やんちゃ】２０２１年８月、日本ハムファイターズの中田翔選手が、年下選手に暴力をふるったことが発覚し、読売巨人軍へ移籍。２０２２年現在、浮き沈みはあるものの巨人で活躍中。

ックで『なかた』と名前入り。

「誰かれ見境なく女子に告白する」。恋多すぎて図工のお婆さん先生にまで告ろうとして皆に止められてました。同じ子に2回告白してまたダメだった時は「あー、前にフラレたの忘れてた」だって。

「秋になってもクワガタの死骸を大切にとっておく」。愛が強すぎてポケットに。頭部がとれてもアロンアルファでくっつけてました。

「給食に出た『ししゃもの南蛮漬』を45本食べる」。嫌いな人からもらって、一人3本のノルマでしたから15人分。口の周りに魚卵が半日ついてました。

「カサブタを大切に剥がして缶ペンケースにとっておく」。膝小僧に出来た3チセン四方のカサブタが無くなった時、「無い！　無い！　オレのカサブタ知らない!?」と隣の教室まで捜しに来ました。

「自分の家の住所と電話番号を覚えていない」。当人曰く、覚えられないのでなく覚えない、のだそうです。その代わり、巨人の選手なら愛車の車種から年俸、夫人の名前までみんな頭に入っています。

「すぐにロケット花火に火をつける」。秘密基地にロケット花火を隠していて、外ではそれを持ち歩いて手持ちで発射してきます。喜怒哀楽をロケット花火に乗せて表現するようです。ピュー！という発射音を聞くと涙が出る、と言ってました。

「野良犬と話せる」。当人曰く『家来』にしている野良犬が2匹いましたが、『犬千代』と同じ名前で呼んでいました。だから「犬千代！」と呼ぶと同時に吠えます。

「低学年の『家来』がいる」。自分の弟とその友達の腰に紐をつけて、鵜飼いのようにして引き連れていました。ちょっとした問題になり、すぐにやめさせられてました。

「マンガ本を貸すと必ず青のりと油脂で汚れて返ってくる」。ポテチの『のりしお』を食べながら読むのでしょう。ファミコンソフトはマジックで『なかた』と書いた跡が消されて返ってきました。私に借りたモノを自分のと思い込んで名前を書いてしまったようです。

（2021年9月17日号）

かけおち

我が家のお掃除ロボットは、かの有名な『ルンバ』……みたいな、でも『ルンバ』ではない……しかしながら見た目も性能も『ルンバ』によく似たやつ。2年前に弟子たちから引っ越し祝いにもらったものだ。本来自動停止する

【かけおち】2021年10月、秋篠宮家の眞子さまが、小室圭さんと、長い婚約期間や離れ離れの生活を終えて結婚。NYへ向かった。その様子を「『かけおち』婚」と呼ぶ国民もいた。

らしいのだが、いつまで経っても止まることがなく数時間以上かけてワンフロア掃除している。じれったくなって停止ボタンを押すと、なんだか恥ずかしそうに自分のウチに帰っていく。「うちがそんなに汚れてるってことかよ……」とちょっとイラッとしたが、娘のアライグマのぬいぐるみを乗せて掃除をさせてみるとこれがまた可愛らしく、たちまち我が家のムードメーカーとなった。

だが最近、どうも調子が良くない。「おい、だいじょーぶかー!?」「吸い込みわりーぞー!」「やっぱホンモノの『ルンバ』には敵わないのかー!?」などと、相手が機械なのをいいことにヤイヤイ言っていると、とうとう動かなくなってしまった。どうした?『ルンバ』みたいなやつ!? 何も言わずにそいつは恨めしそうにジッとしている。もう壊れたのか。しょうがないか、『ルンバ』じゃないし……。

そのまま私は仕事に出かけ、『ルンバ』っぽい彼のことなどすっかり忘れ帰宅の途に。折しも雨が降ってきた。自宅まであと15メートルの距離……「はっ!?」。何かが我が家の玄関先に佇んでいる。降りしきる雨の中、街灯に照らされ闇の中に浮かび上がったのは……『ルンバ』っぽいアイツだった。上には『ラスカル』っぽいアイツが乗っている!? いつもは家の中で仲良くしているはずの二人が、真夜中に雨に濡れながら外に居る……。なぜ!?『かけおち』だ。二人は我が家から出ていくつもりなんだ。私のつらい当たりに耐えられなくなった『ルンバ』っぽい彼は、『ラスカル』みたいな彼女にこう持ち掛けたに違いない。「ここからオレと逃げよう」と。「私でいいの?」「オレのことをわかってくれるのは君だけだ。今なら戸締まりがしてないから、さぁ早く!!」……今まさに逃避行せんとする二人を遠くから眺める私。もう少し優しくしてやればよかった。

雨の中、目を凝らすと『ラスカル』調のぬいぐるみが微かに震えている! え!? ぬいぐるみが動いとる!! こわごわ近づいてみる。どえ!? ぬいぐるみがお掃除ロボットをペロペロ舐め回しとる!! 腰を抜かしそうになる私。そうか、そうなのか、お前らいつの間にかそんなに愛し合う仲になっていたのか。動かないはずのぬいぐるみに魂が宿るほどの想い。

「……逃げな」。しゃがんで呟いたが、「彼」は微動だにしない。一方、一心不乱に「彼」を舐めていた「彼女」は私に気づくとパッと駆け出し、離れたところで「ニャー」と鳴いた。「彼」の脇腹あたりには『銀のさら』とある……。どうやら私の居ないあいだに家族は出前のお寿司をとったらしい。「野良猫が舐めるから寿司桶は朝に出さなきゃダメだ!」と言いながら、私は缶ビールの封を開ける。『ルンバ』的なアイツと目が合ったのでスイッチを押すと「夜はうるさいからやめてね!」とカミさんに叱られた。

(2021年10月1日号)

再会

埼玉県某市の独演会の終演後。「Mさんという方がお見えです」と主催者。「M?」「高校の同級生だと……」「……あー! M!」。同じクラスだったM。2年生の校外学習の班行動でそば屋に入り、みんながカツ丼食べてるときに、一人もりそばを頼んだMだ。食後に店員さんに「お姉さん、蕎麦湯くださーい」と頼んだM。とても高校生とは思えないそば屋での振る舞い方にみなを驚かせたM。私に蕎麦湯を教えてくれたM。

まずい。思い出がそれしかない。Mが入ってきた。ん? 想像していた顔とまるで違う。違うMなのか? そばに女の子。Mの子? 「頑張ってるね」と笑うMは禿げていた。いや、私も他人のことは言えないが、Mは私よりちゃんと禿げていた。とりあえず「久しぶりです」と言うと、女の子はMの後ろに隠れてしまった。

「川上の落語、初めて観たよ」。私の本名を知っているのだからやはり同級生のMに違いない。

「この辺で独演会は初めてなんです」。Mの正体が掴めないので私は敬語だ。「Yがよろしくってさ」。? ん? Yって誰だ? わからない。私は「Yは今なにやってるの?」と聞いてみた。「○○の営業って言ってなかったっけ?」。『言ってなかったっけ』? いつ? 誰が? 誰に? 「高校のときのこと、悪かったって……で、これ預かってきた」。四合瓶1本。???

「これで勘弁してくれって、なぁ?」とMは女の子に振った。なぜ子どもに振る? 女の子は黙って頷いた。Mの家族とYはかなり親しいのか。でも高校のとき、Yは私に何をしたんだろうか。で、そのお詫びの品が日本酒……。で、Yって誰?

話題が途切れた。「そばを食べたときのことが印象的だなぁ」。私は唯一の切り札を出した。「……それ、Yだろ?」。え? 「Yが蕎麦湯頼んだんだけど『うちはうどん屋だから蕎麦湯ないんです』って言われてみんなで笑ったんだよ……なぁ?」。また女の子に振った。なんでだよ。知るわけないだろ、その子が。黙って頷く女の子。なんでだよ。居たのかよ。

沈黙が続く。しばらくすると廊下から見知らぬ男性が一人顔を出した。「いや、それはSだろ?」「パパ!」。女の子がその男の足にしがみつく。???「そうだっけ?」とM。「YじゃなかったのかSだってさ」とM。この男がY? で、この子はYの子? なぜYは隠れてた? 「会えてよかった。酒好きだよな?」とY。「Hも会いたがってたよ」とY。「お久しぶりです。覚えてますか?」とYの側に佇む女性。「なぁ、Hも来ればよかったのに」とその女性に振るY。「忙しいからねー、Hさんも」と女性。「ねぇ」と女の子に振った。無言で頷く女の子。Hって誰だ。女性はYの妻か? で、Yは俺に何をしたんだ? そもそもYは誰だ。で、その女の子は何なんだ?

「じゃ。俺、仕事があるから先に失礼するね」とM。帰んなよ。俺はお前しかわからないんだ。いや、お前もよくわからない。俺の思ってたMじゃなかったんだった。女の子が言った。「落語、おもしろかったです」……あー、ならよかった。で、君は誰だ?（2021年11月12日号）

パスポート

海外に行ってパスポートを失くすとかなり大変らしい。名作「アドルフに告ぐ」（©手塚治虫）でも、客船で上海を経由してリトアニアに渡ったパン屋のオヤジさんがパスポートをスラれ、そこを警察に職質されてえらいことになっていた。何がなんだか分からない人は是非「アドルフに告ぐ」を読んで欲しい。

2013年のヨーロッパ公演。メンバーは私と後輩の春風亭ぴっかり☆にスタッフが3名。空路と鉄道を乗り継いでの数ヵ国を巡るツアーだった。ドイツでの公演を終え、次のベルギーへ向かうべく特急電車に乗り込む。通路を挟んだ両側のボックスシート。8人掛けに5人で座り、空席には荷物を置く。車内は空いていたので問題なし。ケルン大聖堂のあるケルン駅着。しばし停車するらしく、私以外のメンバーはトイレに行ったり、ホームに降りて記念撮影したりしていた。「荷物見ててください」と言われ、ぼんやり荷物を見ていた私。ボックスシートの間の通路、私の真横をお爺さん・お婆さん・お父さん・お母さん・子供3人……というサザエさん一家みたいな家族が通り過ぎていった。戻ってきたぴっかり☆が「カバンが無い……」。全員が一斉に私を見る。「いや、ずっと見ていたよ……」。どうやらさっきのサザエさん一家が通過する間に、その中の一人（恐らくカツオ）が私の斜向かいに置いてあったカバンを持っていったようだ。ホームにいたメンバーは、電車から降りてくるサザエさん（泥棒）一家を見かけたという。ケルン駅で乗って、そのままかっぱらって後部出口から下車。電車はとうに出発。しめしめとサザエさん一家。これが置き引きの常套手段らしい。

「パスポート……」。恨めしそうに私を見るぴっかり☆。見てろって言われたから見てたんだ、オレは。次のアーヘン駅で降り鉄道警察へ。両腕タトゥーだらけの屈強なポリスマンが事情聴取。「シゴトハナンダ?」「パフォーマーです」「ナンカデキルノカ?」「パントマイムとか……」「ヤッテミロ」。とりあえずその場で『蕎麦を食べる真似』をした。ズルズル〜。「キタナラシイナ! キレイニクエ、ニホンジン!」みたいなことを言われ、「オレダッタラコウヤル」とポリスはチキンを食べる真似を見せてくれた。ノリも良く、無事に届けはできたが「デテコナイゾ（笑）」とポリスマン。

ベルギーの主催者に電話すると「面倒なことになるので絶対職質されないように!」とのこと。それからはみんなでぴっかり☆を囲んで人目に触れないように移動開始。幸い小柄女子なので、無事にベルギーの日本大使館まで行き、パスポート再発行の申請をするとすぐに再発行できた。主催者に聞いたら「奇跡ですよ……どうかすると1週間待たされますから」だって。

【パスポート】秋篠宮家の眞子さまが結婚に際して、初めてパスポートを取得。皇族はパスポートを持たないが、結婚し降嫁され、NYへ向かうために取得。

そんなぴっかり☆さんも来春に『蝶花楼桃花（ちょうかろうももか）』と改名して真打ち昇進。真打ちへの『パスポート』も無事発行！……ということでいいですかね。ホントあの時はすまんかった。P.S.ちなみに現金とスマホとデジカメとパスポートを抜かれたバッグは、後日ドイツのどこかの田舎駅のトイレで発見されたそうです。

（2021年11月19日号）

週刊朝日

週刊朝日さん、創刊100周年おめでとうございます。

あなたとの出会いは私が高1の頃。松本人志さんとナンシー関さんのコラムと山藤先生の似顔絵塾とブラック・アングルが目当てで、放課後に駅前のコンビニで立ち読みしていました。毎週火曜日の20時半にミニストップ。イートインスペースは不良の溜まり場。雑誌棚で数人がヤンジャンやヤンマガを立ち読みしています。そのあいだを掻い潜って、私はあなたを一人読み耽っていました。高校生にも読み易いコラムとはいえ、ちょっと背伸びして週刊誌を手にとる優越感。あなたのせいで「てめえ、邪魔なんだよ！おっさんみたいなの読みやがって！」とカツアゲされそうになったこともありますが、それもいい思い出です。

この連載の依頼が来たのは、私が真打ちに昇進した後、2014年頃でしたか。「なぜ私に？」と当時の編集長と担当者に聞いた覚えはあるのですが、理由は忘れてしまいました。何故ならそのあとの呑み会でヘベレケに酔っ払ってしまったから（編集長も）。「落語家なりの視点で〜世の中を〜切って頂ければ〜」みたいなぼんやりした感じだったような気がします。初めのうちはけっこう気負って臨んでいました。だってあの週刊朝日ですよ。でも3カ月で分かりました。「俺には難しいコトは書けない」と。開始当時はガラケーのメール機能で書いていましたが、2年前からスマホになりました。週1の連載はあっという間に締め切りがきます。原稿を送信するとその日のうちに次のお題が出されて、気がつくとまた締め切り……。連載をしていて驚いたのは、他にも書き仕事の依頼が来たこと。「週刊朝日さんの文章みたいにユルいのをひとつ！」というかんじで一時は週1、月1合わせて4本のコラムを書いていました。世の中にはユル文の需要がそれなりにあるんですね。もっとちゃんとした文を読みたまえ、現代人。でもステイホームのときはそのお陰でなんとか生きながらえました。

こっちが締め切りに喘いでいるのに、ノウノウとしてる弟子どもに頭にきて「お前らも週1で文章を書け」と毎週1千字の宿題を出すようになりました。どこに発表する訳でもない

【週刊朝日】著者がエッセーを毎週連載しているニュース週刊誌。1922年に創刊され、2022年2月で100周年を迎えた。毎週火曜日発売。

ですが、嫌でも話題を探すようになり、それが高座のマクラにもなればと。現に私もこのコラムのネタをどこかの高座で使ったりしていますから。週刊朝日さんにはまず私に書く習慣を与えてくれて感謝なのです。

コラムをまとめた単行本2冊のうちの第1弾がこの春に文庫化されることになりました。『『解説』はどなたに依頼しましょう?』と担当さん。「……うちの子どもはどうでしょう?」と洒落で振ってみたら「イイですね!」ということになり、今、我が家の高1の長男が文庫の解説文を書くべく過去の私の原稿を読み耽っています。難しい顔したり、ゲラゲラ笑ったり。読んでる文章の質は比べるべくも無いですが、なんだかあのときの私を思い出します。

週刊朝日さん、ひとつこれからもユルくいきますのでよろしくお願いします。でも、高1の解説文って……。いいのかよ、ま、いいんだろうな。

(2022年2月25日号)

スウェット

流行ってるらしい。「流行ってるみたいなので次のお題は『スウェット』で……」というボンヤリした指令が担当者から下された。聞いたことない。ホントに流行ってんのかよ、スウェット。

かく言う私は基本自宅では上下鼠色。正真正銘折り紙付きのスウェットマン。自宅内や朝のゴミ出し、深夜のコンビニだけでなく、スーパー、通院、自宅から半径500メートル以内ならむしろスウェットで行くべき、と考えている。我が町内にもそんな人は多いが、それだけでは「流行ってる」とは言えまい。

流行ってるというならまず「渋谷」だ。ニュースの定点カメラでよく見る、渋谷のスクランブル交差点。スウェットの若者は見かけない。むしろこいつらもっと上下鼠色のスウェット着ればいいのに、と思う。ちっとも流行ってねえし。担当者は平気な顔でウソをつく。だからもう今回はおしまい。無理筋な原稿は諦めて、そろそろ寄席に出掛けねば。何を着よう。寄席に上下スウェットで行くと偉い人に怒られる。世の中世知辛い。

自分で洋服を買うことがない私は、衣類はだいたいお客からのお差し入れで間に合わせている。

先月は「足袋型の靴下、欲しいなぁ」と高座で呟いたら一足貰ってしまった。まるで物乞い。先日は、東京かわら版という演芸情報誌で「ブランドの服を芸人に着せてみよう！」みたいなタイアップ企画があり、オシャレなトレーナーを沢山もらってしまった。金色のクマの奴。今日はそれにしようか。

そういえばラジオのスタッフさんからは誕生日プレゼントでパーカーをもらった。あれもゆったりしてて着心地良し。

落語好きの洋服屋さんがいて、去年Tシャツも頂いた。一点モノらしい。ズボン（最近は「パンツ」と呼ぶらしいが、「パンツ」は断固下着！）も柔らか素材の貰い物があったはず。畳の上に並べてみると、ほとんど頂き物であった。この場を借りて皆様に御礼申し上げます。眺めていると同じような生地のものばかり。ふーん。こういう生地が流行ってるのか……と頭を捻っていると、横から家内が「スウェットばかりね」と言う。

何を言うか。トレーナーにパーカーにTシャツにズボンじゃないか！

「その生地をスウェットって言うのよ」……知らなかった。

いつも私が着ているフニャフニャの、パジャマと部屋着兼用の、上下鼠色の衣服のコトを『スウェット』というのかと思っていた。

流行ってんじゃん、スウェット。

どうやら、私は知らない間にスウェットの流行にのみ込まれていたようだ。調べてみたらスウェット素材の和服もあるらしい。

そもそも「スウェット＝汗」。汗を吸う素材だから「スウェット」とな。

「じゃ、今俺が着ているやつはなに？」と聞けば「ヨレヨレでくたびれてるから『野良スウェット』？」と家内。家にいるのに『野良』かいな。間口広いな、スウェット。

（２０２２年４月15日号）

人見知り

マスク生活に入り長くなりましたが、口元を隠してるだけでちょっと気が大きくなることはないですか？　今までは電車の中で「あー、綺麗な人だなぁ」と思っても「こっち見てる……キモ」という相手の反応が怖くてすぐに目を逸らしていたのに、マスクという口元のワンクッションがあるだけで、案外平気でジーッと見てしまいます。目は「丸腰」なのにね。とてもキモいですね。これもみんなコロナのせいです。

そもそも『人見知り』ってのは生後6カ月からの赤ちゃんの成長に使う言葉なんだそうです。見覚えのない人と目が合うと泣いたりしますわな。そんな『人見知り』を大人に対して使ったり、自称するのもなんだかなぁ、ですね。そうそう、4月に入りようやく「赤ちゃんの季節」がやってきました。暖かくなり街ゆく赤ちゃんが急増中。私は街で遭遇する赤ちゃんが好きです。ササクレだった心を突然、癒やしてくれる「こころの給水所」。それが赤ちゃん。

最近よく見かけるのは、親と赤ちゃんが向かい合わせではなく、赤ちゃんを外向きに「磔の刑」の如くブラーンとさせる抱っこ紐。アレ、いい。親がスマホなんかいじってる日にゃ、誰に邪魔されることもなくマンツーアカチャンで愛でることが出来るのです。特に暖かくなり始めのこの時期、赤ちゃんは靴下を嫌がります。電車の向かいの席で足をジタバタさせている赤ちゃん。そのうちに靴下がずり落ちてきて、ワクワクしながら凝視している私と目が合う赤ちゃん。「へんなヤツが見てる！」と親に訴えますが、親は気づかずスマホ片手にお腹をトントンするのみ。「そうだ、靴下だった！」と我に返り、またジタバタする赤ちゃん。そうこうするうちに、靴下が片方だけ脱げ落ちて「ハッ！（喜）」という顔をする赤ちゃん。私はその一部始終を見つめ続けます。眼差しで「どうするんだよ、その靴下？」と赤ちゃんに問えば「……よかったら、拾っていただけませんか？」という困り顔。私はじらすようにて文庫本を開き目を落とします。「そりゃあないよ！　見てたくせに！」とぐずり始めるアイツ。「あら、どうしたの？」と急に親はあやし始めますが、靴下が片っぽないことには気が付きません。泣いてる理由を知ってるのは私だけ……ふふ。

次の駅が近づき、靴下に気づかないまま親子が降りようとドア前に立ったその時。「靴下、落ちましたよ！」と拾い上げ、手渡す私。軽いやりとりの後、どうかすると親御さんは「よかったねー。拾ってくれてありがとうだねー」と口をきけるはずもない赤ちゃんに謝意を促します。私がマスク越しに微笑み返すと、赤ちゃんは「こいつ、ずっと見てたんだよ！　ねぇ、騙されちゃダメだよ！　こいつ、靴下が落ちるの楽しんでたよ！」と訴えるかのように、私から顔を背けることでしょう。親は一言「あらあら……この子、いま『人見知り』なんです」私「『人見知り』かぁー」赤ちゃん「……（キモいんだよ、バカ）」

この季節、上手くするとこんなやりとりが3回くらい味わえます。赤ちゃんの春が来た！
（2022年4月22日号）

子供

よそ様の子供は成長が早い。「よそ様」過ぎるけど、悠仁さまがもう高校生。お姉さんもお嫁に行って一部屋空いたろうし、そろそろ悠仁さまも一人部屋。思春期だから、ノックしないで部屋のドアを開けたりしたら大変です。「ざけんなよっ！急に開けんなよっ、母ちゃんっ!!」なんてことになるので、紀子さまにはお気をつけ頂きたい。部活は何をされるのかしら。筑波大附属高校に「オチケン」はないかしら。落語に目覚めて「噺家になりたい」なんてことになったら皇室初の落語家誕生！　師匠は笑点のレギュラーになった桂宮治がいい。宮治の弟子で「桂宮様」なんて芸名はどうかしら？　……そんなまくらを最近の高座でふっています。どうか勘弁してください。

このコラムをまとめた文庫本『いちのすけのまくら』の解説文をうちの長男（16）が書いたことは、以前ここでお伝えしたが、それがまあまあ評判が良い。単行本は購入済みだけど解説文目当てで文庫も買ってくれる人も多いようで、結果として私の作戦がバッチリ嵌まった。売るためならなんでもアリなのだ。

高田文夫先生が「子供のわりによく書けてるじゃねえか！　バウバウ！」とラジオで褒めてくださった。すぐに長男に「高田先生が解説文を褒めてたよ」とLINEすると……2日既読スルー。こちらが痺れを切らして「せめて反応くらい示せ」と言うと「いつもお年玉をくれて、自分を褒めてくれたその高田先生についてネットで調べてた」らしい。結果「……よくわからないけど、凄い人だね」。まぁ、仕方ないか。高田先生を16歳にどこから説明していいものか。

先日、中2になった次男と日光に行ってきた。小6の日光への修学旅行がコロナで中止になったリベンジ。「日光を見ずして『けっこう』と言うなかれ」。東京はTシャツでもいける暖かさだったので、薄着で行ったら日光は小雨模様の10度。樹齢ウン百年超えの杉が立ち並ぶ東照宮の参道を、クシャミの止まらない極度の花粉症の次男とガチガチ震えながら歩く。寒さと鼻水で「もう『けっこう』です」と日光日帰り滞在3時間。陽明門の前で撮った写真を見たら、私と背丈がほとんど変わらない。9歳の時、エレキングのソフビ人形を欲しがるので「うるさい！　少しは成長したら買ってやる！(怒)」と言ったら、ぐらついていた乳歯を自力で引っこ抜き、口から血を噴き出しながら「ハイ、成長」と前歯を手渡してきた次男。そんな猛者が中2になり「将来の夢・経済的に安定した生活を送る」と書いていた。ホントかよ……。

日光から帰宅すると小6の末娘が『いちのすけのまくら』を読んでいた。「面白い？」「面白い!」。ヨイショが上手い。「でもちょっと言わせて!」と娘。「なんで私のコトが書いてないの? お兄ちゃん達は沢山出てくるのに!」だって。「ネタにしてもらいたいのか?」「ウン! 私のことも面白く書いてよ!」。そうか、じゃこれからもひとつお願いします。こないだまで、ネタにされるの嫌がってたはずなのに、なにがあったんだ? 自分ちの子供の成長はよそ様よりもっと早い。

(2022年5月6−13日号)

占い

子供の頃。あれは真夏だったか。夕食前に逸見政孝・幸田シャーミンのお二人がキャスターをつとめるニュース番組『スーパータイム』を家族で観ていた。その日の特集コーナーでは全国の変わり種占い師を紹介していた。「これ、〇〇ちゃんじゃないか?」と父が画面を指さした。インドのサリーのような衣装を纏(まと)って『ペット占い師』として現れた小太りの男。「だれ?」「お前のイトコの〇〇ちゃん」。その占い師は父の兄の息子だった。私とは年の離れた、一度も会ったことがないイトコ。「なにやってんだ」。父は呆れたように言った。〇〇ちゃんは水晶玉越しに依頼者の飼い猫を凝視し、そのうちに「この子の未来は……うん!! ハッピーっ!!!」と叫ぶ。驚いたネコがサリー姿のイトコを「フーーッ！」と威嚇する。睨み合うネコとイトコ。父は黙ってチャンネルを変え、その晩、我々家族は沈黙のままカレーを食べた。

占いが好きな噺家の先輩がいた。真打ちになってから廃業したＳ兄さん。兄さんはインドと日本のクォーター。眉唾だが、色黒で彫りが深かった。Ｓ兄さんは風呂が嫌いだった。インドの人はあんなに沐浴してるのに、兄さんは滅多に風呂に入らなかった。「Ｓはとにかく占いが当たるらしい。なぜならインド人のクォーターだから！」と寄席の楽屋で、雑な評判になっていたＳ兄さん。またＳ兄さんの占い自体も雑だったが、神妙なクォーターフェイスで言い放つので説得力がある。

「オレはこの先、落語家としてどうなるだろう？」と尋ねたベテラン師匠に「……安心してください。師匠は今がピーク」と笑顔で応えて、ベテラン師匠を不安のどん底に叩き落としたり、「兄さんは長生きの相が出てますよ」と先輩に告げ「ホント？　何歳まで生きられるかな？」と喜ばせておいて「……63ですね」と現代ではとても長命とは言えない数字を真顔で提示し、その先輩を怒らせたりと……愉快な占いライフを送っていたＳ兄さん。

浅草演芸ホールでのＳ兄さんの真打ち披露。私は楽屋にお手伝いに伺った。そんなに付き合いの広くない兄さん。案の定、お手伝いの数は足らずてんてこまいで働いた。終演後、Ｓ兄さんは「今日はありがとう。打ち上げ、ファミレスでもどう？」と誘ってくれた。普通、真打ち披露の打ち上げは焼き肉屋などでやるのだが、下戸で庶民派クォーターの打ち上げはパフェとドリンクバーだった。

3杯目のメロンソーダを飲み干すとS兄さんは「今日の御礼に一之輔の前世、見てあげようか？」と言う。「兄さん、前世がわかるんですか⁉」「まぁね」。自信満々だ。「いろんな人の前世見てきたよ。〇〇師匠は『九官鳥』。△△師匠は『イルカ』、それも賢いイルカ。××は『ビフィズス菌』」「ビフィズス菌⁉……菌ですか！」「身体にいいんだよ」「知ってます」「一之輔はね……『家畜』だ」「『家畜』？……の何ですか？」「『家畜全般』」。風呂嫌いの兄さんからは常に家畜の臭いがしていたのだが、その人から『全般』の太鼓判を押された。

前世は『家畜全般』。現世は『噺家』。大出世だ。S兄さん、今なにやってんだろう。

（2022年5月20日号）

キャンプ

【キャンプ】森や山など自然の中で焚き火をし食事をし野宿すること。一人でするソロキャンプ、高価な機材を用いて行うグランピングなど、コロナ禍のため近年流行している。

『キャンプ』について書くことがない。この原稿の締め切りが13日の金曜日。映画『13日の金曜日』ってどんな話だったっけ？　たしか若者が騒いでるキャンプ場にホッケーマスクを被って、チェーンソー持ったジェイソンがなだれ込んできて大暴れ……？　あ、『キャンプ』が出てきた。昔「ジェイソンのチェーンソーは『ジェーソン』（ディスカウントショップ）で買ったのかな？」なんて半笑いで言ったら、映画好きの友達に「ジェイソンはチェーンソーじゃないから。チェーンソー使うのは『悪魔のいけにえ』のレザーフェイスだから。勘違いしてる人、よくいるよね」と直されたことがあった。やっぱり知ってるつもりでいるのってよくない。ちなみにジェーソンはキャンプ用品も各種取り揃えております。よし、これで3キャンプ目。

先日『魔女の宅急便』を初めて最後まで通して鑑賞。今まで何十回とトライしても必ず途中でウトウトしてしまう。私にとって相性の悪いジブリ作品。毎回、気がつくとキキがカラスに襲われ、また気がつくとニシンのパイを高慢な娘に拒否されムッとして、気がつくと飛行船が強風で流され、そしてユーミンでエンディング。それでも毎年のようにテレビ放映されているので、わかったつもりになっていた。これはよくない。

鑑賞してわかった。「キキ＝若手落語家」じゃないか！　「修業のために住まうべく、まだ魔女の居ない街を探すキキ」は「修業のためにネタおろしをすべく、まだ同業者が落語会を開いていない蕎麦屋や居酒屋を探す若手落語家」と同じだ。それに「修業の場＝キャンプ」とも言えるのではないか。忘れた頃に再『キャンプ』だ。

「老女の家に、これまた老女がお手伝いさんとして雇われていて、キキがパイ作りを手伝う」

のも「凄いお爺さんの噺家の弟子も、もう既にお爺さんでそこに若い子が間違って入門してしまい、師匠と兄弟子の2人分世話しなければならない」状況に似ている。

「喜ばれると思い老女の手作りニシンのパイを孫娘に届けたものの、『私、これ嫌いなのよね』と言われショックを受けるキキ」は「学校公演に呼ばれ『生徒たち楽しみにしてるんですよ!!』と校長に歓待されながら、高座に上がると『はぁ？　落語なんか興味ないし！』と誰も聞いてくれず途方に暮れる若手落語家」とそっくり過ぎて怖い。観ていて「しっかりしろ、キキ（若手）！　そんなことで一喜一憂してたらいい配送業者（落語家）になれないぞ！」と言いたくなった。反応に惑わされず、学校公演は粛々と！　配送もまたしかり。時折実家の親が送ってくる「生協で売ってるカリントウ」を受け取るとき、私が残念な顔をしても、ヤ◯トのベテラン安田さん（仮）は「サインくださいっ！」と常に笑顔なのだ。ちなみに安田さんの趣味はソロキャンプだそう。そういえば雑誌で「出会いを求めてソロキャンプ」というコピーを見たが、どういうことだ？　一人になりたいのか、なりたくないのか？　終盤に滑り込みキャンプ。

おちこんだりもしたけれど、私はげんきです。

（2022年6月3日号）

忘れ物

「ヤクルト1000」が売れてるらしい。ネットやなんかで「寝る前に飲むとよく眠れる」なんて話題。うちの家内もたまに買ってくるが、コンビニ・スーパーでは早くに売り切れてしまうので入手困難だそうだ。

先日、電車を降りようとしたら、4人がけの座席にポツンとヤクルト1000が1本だけ横たわっていた。乗客が忘れていったのか。でもカバンから1本だけスルリと落ちるか？ その人はポケットに入れていたのか？ 品薄でようやく手に入ったであろうものを忘れていくなんて……わからない。次の日、寄席の楽屋の冷蔵庫の上にポツンとヤクルト1000。前座さんに「誰の？」と聞くと「……え？ さぁ、どなたのでしょう？」と不思議な顔をされた。何日か後には放送局の控室にレジ袋に入れて二つ置いてある。「これ、ケータリングですか？」と聞くと「いえ、支度した覚えはありません」とスタッフ。「誰か忘れていったんじゃないですかね〜」だって。

新手のステマ？ こわ。シロタ株を広めるためにそこまでやるか、ヤクルト。全然ステルスじゃないけど。迷彩の制服姿のヤクルトレディが地雷を仕掛けるがごとくゲリラ的に仕掛けてるのだろう。あちこちに配置し、人目に付きやすくしてまるで売れてるように見せかけてるのだ。でもそれらしきレディは見当たらないし、現時点で爆発的に売れてるのにそんな必要ないはずだ。

そうか、購入した人が置き忘れるくらいに「ヤクルト1000」が浸透している……ということか。ちょっと前の「鬼滅ブーム」のときも「黒と緑の市松模様の炭治郎カラーのなにか」が、街を歩くと毎日のように目に飛び込んできた。それくらい流行ると、もはや身近にあるのが当たり前になってきて、あれほど求められていた「炭治郎ななにか」が、その辺に置き去りにされてたり、雨晒しになってたり、犬が咥えて駆け出してったりするくらいになっていく。どうかすると禰豆子が「ヤクルト1000」のボトルを咥えてても違和感ないくらいに。もうなんか「hitomiのニューシングルのタイトルは『ヤクルト1000』」って言われても不思議じゃないくらい。ヤクルト1000の空き容器を使って母親がお手製の謎の置物を作り、居間のサイドボードに飾ったりするのも時間の問題だろう。

そんな売れっ子の『ヤクルト1000師匠』だが、私もたまに飲んでいる。どうもハッキリした夢を見ることが多い。何故か夢のなかでだいたい私はオシッコをしている。しかもこんなところでしては絶対にいかん！という場所で。校長室の花瓶の中へ。古墳内の石棺の中へ。「夜のヒットスタジオ」の本番中にひな壇で。ピーチ・ジョンの試着室で。開幕戦のバッターボックスで。自宅の電子レンジの中へ……。夢の中でそこかしこで放尿している私だが、目覚めても決してリアルでは粗相はしていない。でも寝覚めはスッキリ。ヤクルト1000、やるなぁ。信頼できるな、ヤクルト1000。

ちなみにこれはステマじゃなく勝手に書いてます。すべて個人の感想と妄想。

（2022年6月24日号）

沖縄

初めて沖縄へ行ったのは、13年くらい前の宮古島だった。もちろん仕事だ。落語会が時間通りに始まらないくせに、打ち上げは終わらない。主催者のおじさん達にバカみたいに飲まされた。歌い、飲み、踊る。朝起きると頭ガンガン。「ピィーーーーッ！」という指笛の音が頭の中ずーっと響いていた。嫌じゃないけどね。

沖縄本島へは柳家小三治師匠と。トリの師匠が高座に現れると客席から指笛が「ピィーーーーッ！」。指笛と人間国宝。落語が終わったら至るところからまた「ピィーーーッ！」。ホテルに向かう帰りの車に「ピィーーーーッ！」。タクシーから手を振るとまた「ピィーーーーッ！」。運転手さん曰く「みんな嬉しいんです」。

それから毎年、独演会の全国ツアーで沖縄へ伺うようになった。何年か前。日曜日の早朝、FM沖縄のスタジオから「サンデーフリッカーズ」の生放送をした。「リスナー、集まれ！」と声をかけたら来てくれた、3人。それぞれ差し入れをくれた。サータアンダギー。サータアンダギー。ちんすこう。口が乾く。飲み物も欲しいな。「ありがとう!!」「ピィーーーーッ！」。

お。ここでもか。

弟弟子の一刀くんの母上は沖縄出身。終演後、ご親戚が楽屋に挨拶に来てくれた。「いつもお世話になってます〜」。周りには伯母さん叔母さんが数名。ワーワーと賑やかだ。何喋ってんだかわからなかったがゴキゲン。お婆ちゃんは車椅子から「よかったら」とパインケーキをくれた。孫の落語を聴いた感想は一言「面白い」。パインケーキ、一口食べたら婆ちゃん以上に甘かった。

仕事の合間に首里城へ初めて赴いた。前の月に火災があったばかり。国際通りのホテルから首里城目指してとりあえず歩く。しばらくすると周りには歩いてる人がいなくなった。軒先のおばさんに「首里城までですかね?」と聞くと「どこから歩いてきたの?」「国際通り」「……これあげる」とペットボトルの水を貰った。向かいからおじさん二人組が歩いてきた。一人のおじさんが足をとめ「一之輔さん!?」と声をかけてきた。「今晩の落語会行きます!」「ありがとうございます」。そのおじさんがもう一人のおじさんに声をかけた。「この人、落語家で春風亭一之輔さん。一之輔さん、ご紹介します。こちら鳩山由紀夫さん」「はじめまして、鳩山です」。知ってる。なんなら奥さんも知ってるし、物真似芸人の鳩山来留夫も知ってる。首里城目指して歩いてたら、知らないおじさんから元首相を紹介された。「また今晩」

【沖縄】日本の最西端に位置する県。1972年に本土復帰。「なんくるないさー」(なんとかなる)が県民の合言葉。2022年度前期のNHKの朝ドラ「ちむどんどん」の前半の舞台。

と、知らないおじさんは知ってるおじさんと坂を下っていく。

着いた。首里城の中には勿論入れず、門の外から覗くだけだ。まだきな臭いにおいがたちこめていた。受付で「頑張ってください」と言い残し、募金箱に自分としては高めの額を入れた。迷いに迷ったが、帰り道も歩くことに。水をくれたおばさんに御礼を言おうと思ったが、日が暮れてどこの家だかわからなくなってしまったのが不覚中の不覚。腹が減ったのでカバンにあったパインケーキを食べたら、抜群に美味かった。

今年は7月9日に沖縄独演会を予定している。

（2022年7月1日号）

※追記　著者コロナ感染のため、2023年2月に延期となってしまいました。楽しみにしていた皆さん、申し訳ありません。

野菜

最近、街を歩いていると矢鱈と目に入るのが『逆さネギコーデ』。上は白いシャツやブラウス、下が真緑のスカートやパンツ。「ひっくり返したネギ」を一日に何人も見かけるので、寄席の楽屋で前座さんに聞くと「緑は今年の流行りなんですよ」と教えてくれた。私は野菜のネギが好きなので、街で見かけると、「1本、2本……」と収穫気分。ラジオのアルバイト女子が『逆ネギ』だったので、「それ、いいネギだね！」と褒めたら「ネギですか……」と機嫌を損ねてしまった。「ネギで不足か？」「だって地味ですよね、ネギって」「ネギは煮てよし、焼いてよし、炒めてよし、薬味にして尚よし！　生だとあんなにツーンとくるのに、火を通すと甘くなって色んな表情を見せてくれるんだ！　オレはネギが好きでｍｉｘｉのプロフィールにも『好きな食べ物　ネギ』って書いてるくらいなんだから！」と訴えると、ネギ娘は「はぁ、『ミクシィ』って何ですか？」と聞き返してきた。もういいです。オレだって10年以上開いてないけどね、ｍｉｘｉ。

「青菜」という夏の落語がある。大家の旦那が酒の肴に「菜はおあがりか？」と植木屋さんに勧める。何の『菜』かは言わずに、ただ『菜』。そしてタイトルは『青菜』。「これは一体、なんの菜？」と楽屋で議論になったことがある。ほうれん草と小松菜が一番それらしいが「旬は冬」。キャベツ、レタス、白菜、つまみ菜、セリ、春菊、空芯菜、ター菜、菜花……。菜をひたすら並べる。「いやいや、水菜だろ？」という人がいた。「京野菜だから。あの旦那は元は上方の人だろ？」……水菜ねぇ。「夢が無い」と一番年嵩の先輩が返した。「水菜には夢が無い」と。「智恵子は東京に空が無いといふ」みたいな感じでおっしゃった。「酒の肴に水菜を出されて嬉しいか？　銘々が好きな菜をイメージしてやればいいんだよ」ということに

【野菜】気候変動によって「猛暑日」「集中豪雨」などが増え、「野菜」など作物の価格高騰に大きく影響を与えている。年に一度は「野菜が高くなりました」とニュースで聞くように。

落ち着いた。その先輩が「ちなみにオレはオクラだな」と言ったとき、そこにいた全員「それ、菜か？」という顔をしたけれど。私は醤油とごま油を垂らしたモロヘイヤにしようと思う。ツルムラサキなんてのもオツでさぁね。

レンコンの収穫風景をテレビで観た。胸まであるゴム長を履いてレンコン畑に入り、太いホースを抱えその水勢で泥を払い除けながらレンコンを抜く。「やりてぇ」と単純にそう思い、楽屋でその話をしたら前座の三遊亭二之吉くん（茨城出身）が「知り合いにレンコン農家がおりまして手配しますか！」と即答。「いいね！」「では直ちに！」というやりとりをしたものの、そもそもレンコン収穫時期って真冬じゃないか。死ぬほど寒くて冷たいのでは。そこへ面白半分の素人が飛び込んで行っては迷惑なのでは……話の急展開に怖くなった。「やっぱ、ちょっと待って！」。その後『レンコン収穫体験』で検索してみると出るわ出るわ。レンコン農家は意外と門戸を開いていていた。「コネは使わず行ってみるよ！」と二之吉に告げ、泥に埋もれたレンコンを引っこ抜く爽快さを夢想する。冬の楽しみが一つ増えた。それまでに私のｍｉｘｉのアカウントも、泥畑から引っこ抜いておくことにする。

（２０２２年７月８日号）

おわりに

おわりに の はじめに

『まくらの森の満開の下』、お楽しみ頂けただろうか？　あなたの暇つぶしくらいになったのなら幸いです。さて、ここからは『おわりに』の『はじめに』。読者の皆様の中には、最初から読まず『おわりに』から読むようなクソへそ曲がりさんもいるかもしれないので、そんな方には素直に『はじめに』から読まれることをオススメします。ということでここからは『おわりに』の『はじめに』。そのあとは正真正銘の『おわりに』です……なんだかわけがわからない。

『はじめに』の原稿を送信し、2時間後に担当編集者・工藤氏（実名・女性）から返信メールが届いた。メール冒頭からの一部を転載。

一之輔様

面白い！　書き直して頂いてよかったです。怪我の功名！　フィクション仕立てのダメ編集者もいい味出してますしね！　ある意味、めったに読めない「はじめに」になりました！（後略）

飛沫過多なメールだ……とにかく「！」（エクスクラメーションマーク）が多い。この人は実際に話していても、常に言葉尻が「！」なのだ。でも、なぜ読んでもないのに書き直しバージョンの方が面白いと言えるのか。釈然としない。「フィクション仕立て」とあるが、『はじめに』に記したメールのやり取りは決して「フィクション」ではない。「ダメ編集者」……いや、工藤氏はまったく『ダメ』なんかじゃないですよ。まぁ「どうかな？」と思うところは多々あるけど、たぶん優秀だと思う。優秀なんじゃないかな……いや、ちと覚悟はしておけ。あ、でも「フィクション仕立て」と言ってるから、自分を『ダメ』とは思っていないということか。なんだかな。「いい味」……くさややどぎついチーズをいい味だという人もいるしな。それにしても「ある意味」って便利な言葉です。「めったに読めない」……まぁ、そらそうなんだが、私が消しさえしなければ、元々の『はじめに』を読んでもらえたのにつくづく悔しい……以上、モヤモヤメールの感想でした。

閑話休題。文中にもある『怪我の功名』。あまり「怪我」はしたくないけど、我々の商売はほとんど『怪我の功名』で成り立っているなぁ、と思うのだ……ということで、いよいよ……

おわりに

今年（2022年）の8月某日。私がパーソナリティをつとめているラジオ番組「サンデーフリッカーズ」（JFN系）に、山形のリスナーからメールがきた。「10月18日、山形独演会楽しみです。しかし、一之輔HPには同日同時間に名古屋にて『桃月庵白酒・春風亭一之輔二人会』とありますが、何かの間違いでしょうか？」。このメールをCMの間に読んで「んな、バカな（笑）。俺は一度たりともWブッキングなどしたことのない芸人だぜ……」と思いつつ、ちと心配になりネットで調べてみたら……人生初のWブッキングでした。それから残りの放送時間、心ここに在らず。正直、ずーっとゲボ吐きそうでした。

放送終了後、山形独演会の主催者・Mさんに電話。Mさんは5年ほどの付き合い。私が知ってる落語会の主催で一番といっていいほど温厚で腰が低い人。基本的に会話のあたまに「すいません！」が付く。そんな人、皆さんの周りにも一人はいるでしょう？名古屋は先輩との二人会、どちらの仕事が先にきたのかももはや分からない。とりあえず、Mさんに相談してみよう……。とはいえ、Wブッキングを打ち明けるのは初めてだ。Mさんはどんな反応されるだろう。怒られるかな。震えながら発信ボタンを押す。

「……Mさんですか？……一之輔です」「あー！一之輔師匠、こんなに朝早く、すいませんっ！」午前8時半。電話したのは私の方。ましてやこれから謝らねばならないのはこちらなのに、Mさん安定の先手の「すいません」。「実は……10月18日の独演会なんですが……」「すいません！　お忙しいのに！　楽しみにしてます！　すいません！(笑)」大事を打ち明けようという私に、横殴りの「すいません」。「誠に申し訳ないのですが……私……Wブッキングをしてしまいましたっ！」「……え……(しばらく無言)……本当ですか？……すいませんっ!!!」まさかのTPO完無視の「すいません」を頂きました。なぜ？　なぜ謝るのだ、Mさん？「本当に申し訳ありませんっ！」「いえ……こちらこそ……すいませんっ！」どうして？　どうしてあなたが詫びるのだ、Mさん？「もし、もしですよ。Mさんがよろしければ他の日に変更して頂くのは可能でしょうか？」運良く山形独演会はまだチケットを発売していなかった。「私、翌日19日は空いてるのですが……」「すいません！　ありがとうございますっ！　ホールの空き状況確認するので、申し訳ありませんが、少々お待ち下さいっ！　ホントすいませんっ！」いや……Mさん、どっちが被害者か分からなくなるから、その「すいません」はやめて！それ以上「すいません」すると、なんかマウントとりたくなってしまう……。悪いのは私なんです、すいませんっ！

しばらくしてMさんから電話。「すいませんっ！　お待たせしました。19日、ホールが空いてましたので、もしよろしければ1日延期でお願い出来ますでしょうか？　すいませんっ！」「そらぁ良かった。別にかまわんよ。これから気をつけたまえ」と言いそうになったのをグッと堪えて「ありがとうございますっ！　ご迷惑をおかけいたしますっ！　すいません！」「こちらこそすいません！　よろしくお願いいたします！　すいませんっ！」まるでドン・フライと高山善廣の殴り合いのような『男のプライドを賭けたすいません』のラッシュが続く。

「すいません！　チラシの刷り直しだけはしたいのですが、原稿が出来たら校正データのチェックをお願い出来ますでしょうか？　お忙しいところすいません！」「そうかい？じゃ、『なるはや』でな」と言いたくなるのを抑えに抑え「もちろんでございます！お手数おかけして本当に申し訳ございません！」と返す私。しばらくして、またMさんからメールが届いた。『原稿チェックお願いいたします、すいません』。メールの文面も腰低。少しは見習え、工藤。

データを開いて目を落とす、瞬間、スマホを持つ手が震えた。原稿にはこう記してあった。

「一之輔、突然の『Wブッキング』発覚のため、開催日が19日に変更となります。御了承ください」

…………峰田さん（実名）……めっちゃ、怒ってる……。「すいません」って言いながらホントは怒りに震えてる……。ふだん優しい人が怒った時、子供はたいてい泣く。私も泣きそう。手の震えを抑えて峰田さんに電話。「すいません！　原稿ご覧頂けましたでしょうか!?」怒りをまるで感じさせず、平然と『すいません』で押し通す、この人はサイコパスか?

勇気を持って立ち向かう私。「あの、ですね。本当に申し上げにくいのですが……もし、もし、どうしても峰田さんがこの文言を使いたい、と仰るのであれば、私としては全くやぶさかでないのですが……『Wブッキング』発覚……とありますが……」「えっ!! Wブッキングじゃないんですかっ!?」怒ってる……やっぱりハラワタ煮え繰り返ってる……。「そうなんですけど、『Wブッキング』という字面が余りにもショッキングなので……もうちょっと柔らかな……表現に……変えて……頂けないかな、と……いや! 勿論これは事実ですので、峰田さんがそう表記したいのでしたら、何ら問題ありません!

ですが……もし、私を、許して頂けるのであれば(泣)……日本語には……(泣)……しょ、しょ、『諸般の事情』という便利な言葉があるので、そちらを使って頂くというわけにはいかないでしょうか!? 勝手申しまして、しいませんっ!!(号泣)」余りの恐怖に「しいません」になった。「申し訳ありませんっ! お客様に詳細がわかった方が良いかと思いましてっ! 仰る通りですね! 『諸般の事情』……便利な言葉ですね!(笑)早速使わせて頂きます! すいませんっ!」と峰田さん。多少の苛つきは感じられたが、ご納得して頂きことなきを得た。

それから1週間後、仕事で高知に。空港に美味しそうなカツオのタタキが。そうだ、お詫びの品として峰田さんに送ろうと、好き嫌いもあるので早速確認の電話。「もしもし、峰田さんですか?」「すいません! 急にお電話頂きまして! なんでしょう? すいません!」「ちょっとお尋ねなんですが……」「……トリプル(ブッキング)?」「いや、さすがに(汗)……今、高知なんですが、カツオのタタキはお好きですか? お送りしようと思いまして……」「すいません! 大好きです! すいませんです、大好きで、すいません!」すまないことはなかろうが、好き加減は十分伝わってきた。

数日後、カツオを前にして笑顔100%の峰田さんの写真とお礼メールが送られてきた。喜んでもらえて何よりだ。その翌日、私の元にシャインマスカットが届いた……峰田さんからの「カツオのお礼」だそうだ。どこまで、いい人なのだろう、峰田さん。そしてどこまで続くのだろう、このラリー。

10月19日の山形独演会で、この顛末をまくらで話してみた。お客様も峰田さんをよく知っているのでウンウン頷きながら笑っている。舞台袖で峰田さんも笑顔。高座を降りて「すいません! ネタにさせて頂きました!」と謝ると、峰田さんは「すいません! こちらこそありがとうございましたっ!」と頭を下げて、礼を言った。……ラリーはまだ続くのだな。

その日の打ち上げで来年の独演会も決まった。勝手なこと言うと、峰田さんとの距離もかなり縮まった、ような気がする。この話はラジオのフリートークでも話し、『諸般の事情』というタイトルで、ほぼ一席モノになり、そして今、文章にもしている。

まさに『怪我の功名』。ホント、この仕事はハプニングを薪にして走り続けてるようなモノだ。3冊も単行本が出せるのも、みんなその『怪我』のおかげ。これからも治療不可能な『大怪我』は御免被るが、ほどよい『怪我』は恐れずに生きていこうと思う。ドンマイ、私。

とはいえ、この『おわりに』は消さないようにしたい。よし、すぐに工藤さんに送信しなければ。そのうち「!」だらけの返信がくるだろう。締め切り過ぎてすいませんっ!!!

春風亭一之輔

2022年　11月某日　都内の喫茶店にて

春風亭一之輔（しゅんぷうてい・いちのすけ）
一九七八年、千葉県生まれ。落語家。
日本大学芸術学部卒業後、春風亭一朝に入門。
二〇一〇年、NHK新人演芸大賞、文化庁芸術祭新人賞を受賞。
二〇一二年、二十一人抜きの抜擢で、真打昇進。
二〇一二年、一三年に二年連続して国立演芸場花形演芸大賞の大賞を受賞。
寄席を中心に、テレビ、ラジオなどでも活躍。
エッセーの執筆も好評で、著書に『いちのすけのまくら』（朝日文庫）、
『まくらが来りて笛を吹く』（朝日新聞出版）、
『人生のBGMはラジオがちょうどいい』（双葉社）など多数。

初出　「ああ、それ私よく知ってます。」
週刊朝日二〇一九年十一月一日号〜二〇二二年八月十九―二十六日合併号

装画　高杉千明
ブックデザイン　鈴木成一デザイン室

まくらの森の満開の下

二〇二三年一月三〇日　第一刷発行
二〇二三年五月三〇日　第三刷発行

著者　春風亭一之輔（しゅんぷうていいちのすけ）
発行者　藤井達哉
発行所　朝日新聞出版
〒一〇四-八〇一一　東京都中央区築地五-三-二
電話　〇三-五五四一-八七六七（編集）
〇三-五五四〇-七七九三（販売）
印刷会社　凸版印刷株式会社

ISBN978-4-02-332276-9
定価はカバーに表示してあります。
落丁・乱丁の場合は弊社業務部（電話〇三-五五四〇-七八〇〇）へご連絡ください。
送料弊社負担にてお取り替えいたします。